The leadership
REVLUTION

Kristine Naltchadjian

The leadership
REVOLUTION

Mode d'emploi pour toutes les femmes
qui osent (enfin) prendre le pouvoir !

maars

Préface d'Isabelle Lonvis-Rome 6

Pourquoi ce livre ? 8

PARTIE 1 : TRAVAILLEZ VOTRE ÉTAT D'ESPRIT DE LEADER

1. La confiance en soi 21
   L'interview de Leila Boutaleb-Brousse 30

2. Le courage et l'audace 35
   L'interview de Samira Djouadi 42

3. La gestion de l'échec et de la vulnérabilité 47
   L'interview de Manaëlle Perchet 53

4. L'ambition 59
   L'interview de Lucia Baldino 65

5. L'apparence 69
   L'interview d'Alice Prenat 76

PARTIE 2 : MISEZ SUR VOS COMPÉTENCES

6. Apprendre et se former en continu 85
   L'interview de Magali Bonavia 93

7. Trouver sa place dans le monde du business 97
   L'interview de Sandrine Murcia 104

8. Développer son intelligence émotionnelle et ses *soft-skills* 109
   L'interview de Natasha Rostovtseva 118

9. Équilibrer ses vies personnelle et professionnelle 123
   L'interview de Sandrine Conseiller 132

10. Développer sa curiosité intellectuelle 137
    L'interview de Laurianne Le Chalony 142

Sommaire

PARTIE 3 : CULTIVEZ VOTRE RÉSEAU

11. Coach, mentor, sponsor   151
     L'interview de Sandrine Godefroy Evangelista   158

12. Comment créer son réseau ?   163
     L'interview de Ségolène Dugué   169

13. Comment entretenir son réseau ?   173
     L'interview d'Alisa Roskach   178

14. Travailler sa visibilité et sa réputation   183
     L'interview de Malia Metella   189

15. Explorer les réseaux thématiques   193
     L'interview de Caroline Ramade   197

ONE MORE THING...

16. Le leadership inclusif   201
     L'interview de Stéphanie Gateau   203

Conclusion   214

Bibliographie   217

Remerciements   219

Leadership féminin.

Non, ce n'est pas un oxymore. Il s'agirait même d'un pléonasme pour toutes celles et ceux qui perçoivent et accueillent ce que d'aucuns refusent de voir et d'accepter, à savoir une révolution conférant aux femmes leur juste place parmi les leaders. Car oui, les femmes ont le sens du leadership ; ce n'est pas une révélation du XXIème siècle mais une reconnaissance tardive, la sortie d'un déni d'une société bâtie par les hommes, les femmes ayant été reléguées à l'ombre, à une présence en filigrane.

Leadership féminin. C'est donc une prise en main - à bras-le-corps - de soi face aux autres, de soi avec les autres, de soi comme une force capable de bouger les lignes. S'assumer comme femme fédératrice. Comme femme-guide, aussi.

Il est à se réjouir que les femmes prennent toujours plus conscience qu'elles peuvent prétendre aux mêmes postes que les hommes, embrassant des styles de management parfois différents, parfois complémentaires, parfois opposés. Ce qui importe, c'est que chacune puisse réfléchir à son propre leadership, sans avoir à comparer son approche à celle observée chez les hommes. Nul archétype du leadership ; de nouvelles façons de faire sont à penser. Il s'agit d'abord de confiance en soi, de posture, de compréhension et d'absorption de l'environnement pour agir efficacement selon un prisme féminin qui peut revivifier les manières de manager.

Et au-delà de cette prise de conscience s'impose aussi la nécessité d'une plus grande représentation des femmes à des postes de leader : les jeunes filles doivent pouvoir constater, dans la diversité des postes investis par les femmes, qu'elles peuvent bénéficier d'une large cartographie des possibles, à l'instar de celle qui est proposée aux hommes.

Cet ouvrage offre des clés pour découvrir la leader qui sommeille en chaque femme. C'est un ouvrage qui s'impose comme une marque de confiance en toutes celles qui s'aventureront, même timidement, dans la mise en lumière de forces tapies en elles. C'est aussi une invitation à l'audace comme capacité à oser miser sur soi.

Isabelle Lonvis-Rome

Ministre déléguée auprès de la Première ministre chargée de l'Égalité entre les femmes et les hommes, de la Diversité et de l'Égalité des chances

Pour quoi

ce livre ?

91% des dirigeants des entreprises du Fortune 500 sont des hommes[1]. Si on regarde le CAC40, ce sont 92,5% des entreprises[2] qui sont dirigées par les hommes. Depuis des décennies, nous entendons parler de leadership, mais il s'agit en réalité de l'expérience des hommes en matière de leadership, tout en ignorant les profondes différences d'expériences professionnelles entre les genres. Les femmes dirigeantes surmontent de nombreux obstacles dans le milieu professionnel dû aux préjugés sexistes. Les rares qui parviennent à gravir tous les échelons représentent des modèles de transformation dont le parcours difficile vers le sommet leur permet de se démarquer remarquablement.

Cet état de fait souligne à quel point il est difficile d'associer leadership et femmes. Pourtant, les choses bougent et heureusement. Ce livre n'a pas l'ambition de faire de vous la prochaine dirigeante du CAC40... quoique ses conseils pourraient tout à fait vous y conduire. Le but de ce livre est de lever un coin du voile sur le mystère qui entoure le leadership au féminin.

---

1. *Fortune - « The number of women running Fortune 500 companies reaches a record high » - mars 2022*
2. *Les Échos - « Christel Heydemann chez Orange : une troisième femme à la tête d'un groupe du CAC 40 » - janvier 2022*

Un leadership qui requiert deux fois plus d'audace, trois fois plus de prises de risque, et dix fois plus de courage. Si chaque femme peut être un leader, la question de fond est de savoir comment libérer la leader qui sommeille en vous. Ce livre est aussi un moyen de vous donner l'occasion d'aller là où vous souhaitez vous rendre en termes d'épanouissement personnel et professionnel. En clair : de définir et d'atteindre vos objectifs, quels qu'ils soient, sans jugement et en toute humilité.

C'est une démarche qui repose sur trois piliers : votre état d'esprit, vos compétences et votre réseau. Ces trois piliers fonctionnent de manière complémentaire afin de faire de vous **la femme de vos rêves**.

Ça veut dire quoi le leadership ?

Revenons un moment aux fondamentaux. Selon le Larousse et le Robert, c'est ce qui désigne une fonction de leader ou une position dominante. En réalité, je vois le leadership comme un positionnement. C'est une manière de se comporter, de penser et d'agir qui permet d'atteindre des objectifs de vie qui peuvent être très variés. Il faut être un leader pour prendre un poste à responsabilité dans une entreprise. Pour faire un enfant seule. Pour s'affirmer en tant que personne différente des autres. Pour créer son entreprise. Pour changer de carrière et se reconvertir. Pour prendre soin des autres. Pour faire rêver et inspirer.

Ma vision est claire : on ne naît pas leader. On le devient. On n'est pas une leader parce qu'on a 100 personnes à manager dans une équipe. **Le leadership au féminin est un concept de vie**. Une manière de voir les choses différemment, d'explorer son potentiel et d'aller chercher au fond de soi des ressources capables de faire la différence dans toutes les situations. Le leadership est un mot qui fait peur. C'est une notion qui a une connotation très élitiste. Quand on parle des femmes leaders, on évoque le parcours des femmes dans la politique, des personnes qui ont fait beaucoup d'études, ou des grandes scientifiques. Pourtant, on peut aussi être leader au quotidien.

Être leader ?

Il faut d'ailleurs bien faire la différence entre le fait de prétendre être une leader, et le fait d'en être une. Être directrice générale d'une entreprise ou manageuse d'une business-unit ne fait pas d'une femme une leader. Le statut social, les études ou le parcours universitaire n'ont pas toujours grand-chose à voir avec la notion de leadership. Une personne qui hurle, qui s'agite, qui fait peur à ses troupes n'est pas un leader. Elle n'est que l'incarnation du vieux modèle patriarcal classique encore très courant dans les entreprises, où le patron est la figure d'autorité, et qui pense trouver dans ce système social une forme de reconnaissance. De l'autre côté du spectre, les personnes froides, neutres et insensibles en apparence ne créeront pas, non plus, de confiance ni d'attachement. La maîtrise des émotions est une composante essentielle du leadership.

Pour devenir un leader, que l'on soit un homme ou une femme, il faut réunir deux conditions : les émotions et la situation.

Un leader est avant tout une personne capable d'exprimer ses émotions. Il doit construire une relation de confiance, donner envie d'être suivi et créer l'envie chez les autres. Si on prend l'exemple de l'ancien président américain Barack Obama, c'était une personne dont le leadership collait à la peau. Obama est une personne humaine, entière, capable de pleurer, de sourire, de s'agacer et d'être transcendée par ses émotions. Il les connaît, il les maîtrise, mais ne cherche pas à les refouler. Tout président des États-Unis qu'il fut, il restait accessible, à l'écoute, et est doté d'une grande intelligence émotionnelle en tant que personne.

La seconde condition est le contexte ou la situation. Pour être un leader, il faut être l'homme ou la femme de la situation. Cela signifie avoir les ressources pour remporter une bataille, s'investir dans un moment difficile ou être capable de relever la tête et d'appréhender toutes sortes de difficultés. On est rarement un leader quand tout va bien.

Enfin, il faut garder en mémoire qu'on n'est jamais un leader à vie. On peut être leader pendant quelques heures, jours, mois ou années, mais il viendra toujours un moment où le leader devra céder sa place, parce que le contexte ou la situation l'exige.

En entreprise, un leader n'est donc pas forcément un manager. C'est celui qui fait sortir un collectif d'une situation de crise. Par définition, le leader est désintéressé : il ne recherche pas la gloire personnelle. Comme l'explique Viviane Amar dans son livre « Pouvoir ou leadership ? : De Pharaon à Moïse », notre culture nous a transmis deux archétypes du management, Pharaon et Moïse. Le premier, certain de sa puissance et de son omniscience, asservit, comptabilise, conquiert, monopolise. Il utilise son peuple à sa propre gloire. Le second n'a pas de statut particulier. C'est un homme humble, droit et bon qui va accompagner le peuple à sa sortie d'Égypte pour le conduire en terre promise. La Bible étant finalement un bon livre de management, Moïse mourra aux portes de la terre promise, peut-être pour lui éviter de devenir à son tour... un dictateur !

Les différents types de leadership

Si l'on parle fréquemment de leadership, il existe cependant différents aspects de cette notion si importante. En effet, il n'existe pas un type de leadership, mais plusieurs :

- **Le leadership d'expertise** : ce sont des personnes qui maîtrisent une expertise forte. Leur parole a du poids, car elles sont les seules détentrices d'une compétence rare. Cette expertise peut être diverse et variée : un neurochirurgien peut avoir autant de leadership d'expertise qu'un expert en philatélie, ou qu'un parent qui doit gérer une famille nombreuse au quotidien. On ne juge pas la qualité de l'expertise. On juge le fait que ces personnes savent de quoi elles parlent. Elles maîtrisent leur sujet et sont capables de répondre à tous les arguments.

- **Le leadership de conviction** : ce sont des personnes qui portent des convictions, qui frappent l'opinion et qui incarnent une forme de foi et une croyance capables de provoquer des transformations majeures. Ce sont souvent des personnes connues qui s'impliquent personnellement à un haut niveau, de l'Abbé Pierre à Greta Thunberg, en passant par Malala Yousafzai ou Philippe Croizon.

- **Le leadership de communication** : ce sont des personnes capables d'enchanter par des qualités communicationnelles uniques. Ce sont des charmeurs, des storytellers et des personnes qui jouent aussi sur le registre de la séduction pour faire ressentir des émotions. Ce sont des personnes qui ont une aura, une forme de charisme importante et qui maitrisent l'art de l'oralité. Elles rayonnent naturellement, car elles savent toucher leur auditoire avec de très grandes qualités comportementales.

- **Le leadership de décision** : ce sont des personnes qui ont le courage de décider dans l'incertitude. Quand on prend une décision en entreprise, on ne connaît jamais l'impact global que cela peut avoir. Il faut donc prendre la bonne décision, au bon moment, avec les bonnes personnes, en analysant les bonnes informations, et savoir en assumer toutes les conséquences. Un leadership de décision, c'est aussi une femme qui décide de quitter son conjoint, de concevoir un enfant seule, ou de changer de vie.

Jusque-là, nous avons beaucoup parlé de leadership. Mais ce livre n'est pas à propos du leadership. Il parle du **leadership au féminin.** Et s'il y a beaucoup à dire, c'est que les femmes reviennent de loin en matière de leadership, devant mener chaque combat comme si c'était le dernier. En matière de leadership, les femmes sont encore victimes de nombreux préjugés.

Les préjugés

Un préjugé est une décision partiale lorsque vous jugez quelqu'un sur la base d'un groupe démographique auquel il appartient. Vous associez certains groupes à certaines caractéristiques. Par exemple, si vous jugez quelqu'un comme étant moins compétent parce qu'il a plus de 60 ans, vous faites preuve de préjugés liés à l'âge. En matière de genre, nous avons tous des caractéristiques que nous associons à la masculinité ou à la féminité. Lorsque vous rencontrez un homme, vous pouvez supposer qu'il possède certains traits typiquement masculins, même s'il ne l'a pas ouvertement indiqué dans son comportement, comme l'ambition, la compétitivité, la dominance, l'esprit de décision et l'affirmation de soi. D'autre part, nous associons des traits de caractère comme la gentillesse, la compréhension, la douceur et la soumission à la féminité.

Ces préjugés sexistes sont un gros problème pour les femmes qui souhaitent devenir des leaders sur leur lieu de travail, car le leadership a été incarné depuis des siècles par des hommes. Si les femmes ont gagné de nombreux combats au cours des décennies passées, c'est une lutte perpétuelle. En effet, une grande partie des préjugés sexistes sont inconscients, ce qui peut signifier que, même si une personne ne se considère pas comme sexiste et fait de son mieux pour être juste, elle peut quand même montrer ses préjugés aux autres.

Un leader à la fois chaleureux et compétent contribuera à créer un environnement de travail sain, caractérisé par la compassion, la réactivité, la flexibilité et la sécurité. Tout cela se traduit par de meilleures performances et transforme le leadership en une ressource précieuse dont toute l'entreprise bénéficie.

Le leadership au féminin en dit long sur notre société. C'est un voyage compliqué, avec de nombreux détours et défis à surmonter. Mais c'est un voyage passionnant.

Pour devenir une leader demain, il faut être aujourd'hui une petite fille capable de soulever des montagnes. En effet, vous ne pouvez pas être ce que vous ne pouvez pas voir. Lorsque les femmes et les filles ne voient pas de modèles féminins dans un domaine d'activité particulier, elles sont beaucoup moins susceptibles de se diriger elles-mêmes vers ce domaine.

Si les modèles sont si importants, c'est en raison d'un phénomène appelé « biais d'affinité ». Il s'agit d'un phénomène selon lequel nous apprécions davantage et nous sommes plus enclins à imiter les personnes si nous les percevons comme semblables à nous. Concrètement, si les filles ne voient pas beaucoup de femmes travailler, par exemple, dans le domaine des sciences, de la technologie, de l'ingénierie et des mathématiques, elles hésiteront à suivre tout simplement ces carrières.

Ces préjugés, ces limites, et ces biais, je les connais particulièrement bien pour les avoir vécus moi-même. Ce livre n'a pas de prétention scientifique. Il ne vise pas à changer le monde. Simplement à vous raconter une histoire et vous partager des conseils qui pourront vous inciter à faire cet effort supplémentaire qui saura changer votre vie.

Mon histoire

Mon histoire, c'est celle d'une petite fille qui fuit la guerre en Arménie, qui a vécu dans trois pays en 20 ans, et qui, une fois adulte, incarne pleinement l'idée que la réussite ne vient jamais seule. Il ne faut pas seulement la mériter ou l'attendre, il faut aussi créer les opportunités pour qu'elles deviennent réalité. Quitte à défier les conventions et les normes sociales. Sachant que ce qu'on appelle « la réussite » peut changer d'un âge à un autre, et selon les contextes personnels et professionnels, la définir est déjà une première étape clé.

Entre *business woman* et maman solo, je tente d'incarner une certaine forme de méritocratie, ne reniant ni mes convictions ni mes origines, mais m'en servant comme d'un terreau pour développer mon énergie. C'est au cœur de l'Union soviétique, en Arménie, que je suis née et que je me suis construite. Le début des années 90 est une période difficile : le bloc de l'Est s'effrite, et le conflit du Haut-Karabakh entre Arménie et Azerbaïdjan cristallise les tensions. Adolescente, mon futur se joue alors loin d'Erevan. Ma famille quitte l'Arménie en direction de la Russie, et c'est à Saint-Pétersbourg que je poursuis ma scolarité, avec un parcours à l'École Polytechnique, l'une des institutions les plus réputées du pays. Venant d'une famille modeste, j'ai dû travailler deux fois plus que les autres pour toucher une bourse, sans laquelle il m'aurait été impossible de continuer mes études. C'est ici que je touche du doigt la transformation numérique et ses impacts. Une fois mon diplôme en poche, je rejoins une équipe marketing, goûte et prends goût aux possibilités offertes par internet. Tout devient accessible. Éducation, contacts, *networking*... je comprends alors que l'ère digitale va se transformer en accélérateur de compétences et de business.

À 22 ans, ma vie personnelle me mène à Paris pour une nouvelle aventure. Un troisième pays en deux décennies dans lequel je m'installe définitivement.

Après un diplôme à l'ESCP, et plusieurs expériences professionnelles, j'entre chez Alcatel et j'y resterai 8 ans. Puis, à la trentaine, ma vie prend un nouveau tournant. Je quitte Alcatel, divorce, fais une année d'école de journalisme, voyage et travaille pour une *start-up*. C'est une année de risques et d'expériences nouvelles qui me rappelle mon arrivée en France. Une nouvelle vie où tout est à reconstruire : réseaux sociaux, réseaux professionnels, projets de vie, etc. Dans un tourbillon permanent, et après avoir passé quelques mois avec Deloitte, c'est finalement chez Google que je pose mes valises. Ma passion pour le digital se transmet facilement et j'aime les nouvelles manières de travailler et des innovations managériales. Aujourd'hui *Sales Director, Education and Research* chez Microsoft, je reste passionnée par la complexité des relations humaines en entreprise et la gestion du changement. Je veux réfléchir à la construction d'un monde où chaque jour, chaque personne se sente heureuse et inspirée de travailler, s'épanouisse pleinement dans son emploi et, à la fin de la journée, ait le sentiment d'avoir apporté sa pierre à l'édifice... quel qu'il soit.

Bien décidée à profiter de toutes les opportunités qui me sont offertes aujourd'hui, j'ai décidé de concevoir et d'élever un enfant seule. Une démarche radicale qui s'oppose à une approche traditionnelle et conventionnelle, dans laquelle l'enfant est au centre des attentions, et non pas balloté au gré des divorces, des ruptures et des changements de vie. Ce choix de maternité pas comme les autres, je l'assume, le défends et le promeus, en particulier dans un livre intitulé « Mon bébé *made in Love* » où je raconte ce parcours complexe en Espagne où, contrairement à la France à cette époque, les femmes célibataires ont accès à la procréation médicalement assistée (PMA). Allers-retours à Madrid entre deux rendez-vous professionnels, incompréhension des médecins français, fausse-couche, piqûres en cachette au bureau, questions et remarques de son entourage... La conception de ma fille est racontée avec franchise et sincérité. Venant d'une famille traditionnelle arménienne, très conservatrice, j'ai quitté mon pays, je me suis mariée puis j'ai divorcé, avant de faire un enfant seule. Un vrai pied de nez aux traditions et aux habitudes familiales séculaires !

**La question du leadership au féminin je la défends,
je l'étudie et je la vis au quotidien.**

Ce livre est donc ma contribution pour faire avancer les débats et
pour aider celles qui doutent, se posent des questions, n'osent pas,
ou qui ne savent pas qu'elles pourraient oser.

Il est temps de vous (re)prendre en main, avec bienveillance et
humanité. La vie est bien trop courte pour ne pas tester, expérimenter,
prendre des risques et bousculer les conventions.

Vivez-vous la vie de vos rêves ?
Si c'est le cas, il y a toujours quelque chose à améliorer.
Sinon, c'est le moment de vous lancer. Un pied après l'autre.
Je vais vous aider à marcher, puis à courir pour développer votre
leadership et devenir la femme que vous méritez d'être et qui sera
capable d'influencer la prochaine génération.

PARTIE 1

Chapitre 1 : La confiance en soi
Chapitre 2 : Le courage et l'audace
Chapitre 3 : La gestion de l'échec et de la vulnérabilité
Chapitre 4 : L'ambition
Chapitre 5 : L'apparence

TRAVAILLEZ VOTRE ÉTAT D'ESPRIT DE
LEADER

"

Le leadership n'est pas une personne ou un poste. C'est une relation morale complexe entre des personnes, fondée sur la confiance, l'obligation, l'engagement, l'émotion et une vision partagée du bien.

Piyushi Dhir, Autrice

Quoi de **mieux** qu'une petite **histoire** pour commencer ce **livre** ?

Cette histoire, c'est celle d'Audacia. Une jeune femme de 22 ans qui débarque en France pour la première fois après des heures de vol. Fatiguée, elle est là, devant cette porte, il ne lui reste plus qu'à sortir pour changer sa vie. Un seul pas et une nouvelle vie commencera. Une nouvelle vie qu'elle a choisie, qu'elle veut. Cette vie qui l'amènera sur le chemin pour devenir une femme leader. Sauf qu'elle n'arrive pas à sortir. Tétanisée devant cette porte, elle ne veut qu'une seule chose : faire demi-tour et rentrer chez elle.

Grosse panique, comment gérer ? Quoi faire ?

Audacia se rappelle alors un des principaux éléments dont nous avons tous besoin pour devenir un leader : le « *growth mindset* » ! Cet état d'esprit qui permet de continuer à avancer, d'être résilient et déterminé pour aller vers son rêve. Alors, elle utilise cette technique et elle se lance !

Le pouvoir de notre état d'esprit est sans limite si on accepte d'embrasser un mode de pensée en constante évolution. Avoir une attitude volontariste permet d'adopter un « *growth mindset* », un état d'esprit de croissance, qui se différencie du «*fixed mindset* », un état d'esprit figé, paralysant et sclérosant.

Les personnes dotées d'un *growth mindset* pensent qu'elles peuvent devenir des virtuoses de n'importe quoi si elles font suffisamment d'efforts, alors que les autres pensent qu'elles sont naturellement douées pour certaines choses, mais totalement incapables d'en faire d'autres. Résultat : elles n'osent pas, elles se disent « c'est pas grave, c'est comme ça et je n'y peux rien », et passent à côté d'expériences de vie uniques.

Le développement de l'esprit commence à la naissance. Par nature, les bébés viennent au monde avec un *growth mindset* : ils veulent apprendre et grandir le plus possible chaque jour. Mais autour d'eux, l'influence du cercle parental est immense. Ce sont les parents qui déterminent si l'enfant maintient ce désir de grandir ou adopte finalement un état d'esprit fixe et rigide. En d'autres termes, les parents donnent l'exemple à leurs enfants. Les parents qui ont un *growth* mindset encouragent leurs enfants et les incitent à continuer à apprendre, tandis que les autres jugent toujours leurs enfants, leur disent ce qui est bien ou mal, bon ou mauvais. Dès l'âge de un an, les premières tendances apparaissent. L'auteure indique ainsi que les bébés âgés d'un à trois ans qui ont été élevés dans un esprit d'ouverture tenteront d'aider un autre bébé qui pleure, quand les autres seront agacés par cette attitude.

C'est ensuite à l'école que ce cheminement se poursuit. Selon la nature et l'état d'esprit des enseignants, ils peuvent soit ancrer l'état d'esprit de leurs élèves en mode *fixed* soit les inciter à se bouger et leur faire comprendre qu'ils sont capables d'apprendre n'importe quoi. La question n'est donc pas liée aux compétences à un moment donné, mais à la capacité à pouvoir changer d'état d'esprit pour adopter un *growth mindset*. Si notre état d'esprit est souvent fortement influencé par les modèles que nous avions dans notre enfance, il n'est, heureusement, pas entièrement prédéterminé et peut évoluer.

Cette capacité à passer en mode *growth* est essentielle pour devenir une leader et impacte de nombreux aspects de votre personnalité, comme la confiance en soi, le courage, l'audace, la gestion de l'échec, l'ambition, ou savoir comment gérer son apparence. Autant de sujets auxquels sont confrontées les femmes au quotidien.

Chapitre ___

1.

La confiance en soi

L'anecdote de

Kristine

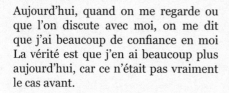

Aujourd'hui, quand on me regarde ou que l'on discute avec moi, on me dit que j'ai beaucoup de confiance en moi La vérité est que j'en ai beaucoup plus aujourd'hui, car ce n'était pas vraiment le cas avant.

Enfant, lorsque je vivais en Arménie, puis en Russie, j'ai très vite compris que donner son opinion n'était pas bien vu. À l'école, à part pour répondre aux questions des enseignants ou des parents, il fallait se taire et rester dans le rang. Pourtant, j'ai toujours eu des opinions et des idées, mais jusqu'à récemment, je ne les ai jamais données. Je doutais, car je me disais que j'étais trop jeune pour détenir une forme de vérité. Il y a probablement des gens plus intelligents que moi dont l'opinion avait plus de poids et d'intérêt.

En arrivant en France, je fis face à un choc culturel quand j'ai réalisé que les étudiants avaient le droit de débattre, d'argumenter et de challenger le récit d'un enseignant pour exprimer leur opinion. Pire : c'était ce qui leur était demandé ! Alors, j'ai appris, mais on ne se défait pas aussi facilement de réflexes mentaux profondément ancrés en soi

en quelques jours. Il m'a fallu plusieurs années de travail sur moi-même. Il faut bien imaginer d'où je venais avant mes 29 ans. Je n'avais jamais vécu seule : je suis passée de chez mes parents aux parents de mon ex-mari, puis ensuite à notre « chez nous », mais jamais chez moi. Une chose simple, comme avoir une facture d'électricité à mon nom, était un rêve ! Pourtant, je travaillais et j'avais un bon salaire, mais je n'étais pas moi, j'ai toujours été une partie sans opinion du « nous ».

Après plusieurs années, le travail de réflexion et d'introspection paie et j'ai commencé à me sentir beaucoup plus confiante. Un jour, j'écoutais le livre audio « *Lean In* » de Sheryl Sandberg où elle disait que les femmes qui entrent dans une salle de réunion ont tendance à attendre que tout le monde soit assis avant de s'asseoir. Elles ont cette impression qu'elles n'ont pas le droit ou la légitimité d'être là. Ce fut un choc ! Moi, qui croyais pourtant déjà assez confiante, j'entrais exactement dans ce scénario. J'y pense toujours quand je rentre dans une salle... et que je n'attends plus pour m'asseoir !

La confiance en soi est une composante essentielle du leadership au féminin. Le point crucial derrière cette notion de confiance en soi est de pouvoir oser. Oser demander une augmentation à son patron. Oser quitter son emploi. Oser prendre la parole en public. Oser présenter une idée, une innovation, ou apporter une critique constructive. Mais c'est aussi oser quitter votre conjoint avec qui ça ne va pas, ou aborder l'homme ou la femme avec qui vous pourriez faire votre vie. Oser tenir bon dans les moments de doute et dans les challenges du quotidien. Oser être positif, optimiste et croire en l'avenir. Oser aider celles et ceux qui en ont besoin. Et surtout oser croire en vous.

La confiance en soi est essentielle. Sans elle, vous n'inspirerez personne - et vous risquez fort de passer à côté d'occasions importantes parce que vous aurez peur de les saisir. Mais l'inverse est aussi vrai : l'excès de confiance est dangereux en raison de la façon dont il peut influer vos prises de décision. C'est l'équilibre qui compte. Et celui-ci est souvent instable.

Les racines de votre confiance personnelle sont complexes, lointaines et protéiformes. Toutefois, les plus connues se retrouvent dans votre éducation, vos expériences de vie, professionnelles, amoureuses et familiales, mais aussi dans la manière dont vous avez géré vos succès et vos échecs.

Si, pendant votre enfance, on a passé son temps à vous dire que vous êtes « nulle » pour faire telle chose, vous allez inconsciemment créer une image mentale qui s'imprègne et se solidifie avec le temps. Vous êtes nulle en maths, vous ne savez pas prendre de décisions, vous n'avez pas le sens de l'orientation, vous ne savez rien faire par vous-même... Ces critiques résonnent peut-être encore dans votre tête aujourd'hui, car la clé de la confiance réside bien souvent dans le passé. Et parce que nous ne pouvons pas y retourner, rien ne nous empêche d'agir sur le présent pour préparer un meilleur futur.

Au-delà de votre passé, votre manque de confiance en vous peut aussi venir de certains biais cognitifs. Le mot cognitif vient de cognition. C'est-à-dire, l'ensemble des processus mentaux qui se rapportent à la connaissance. Et quand on parle de connaissances, on parle de mémoire, de raisonnement, d'apprentissage, d'intelligence, d'attention, et aussi de confiance en soi.

Le cerveau n'est pas une machine parfaite. Nous nous laissons guider par des décisions qui ne sont pas rationnelles. La plupart du temps, ce sont des dissonances bénignes. On mange un gâteau quand on est au régime, ou on fume une cigarette alors qu'on tente d'arrêter. Mais parfois, elles peuvent avoir des conséquences bien réelles sur votre vie. C'est le cas si vous ne répondez pas à cette offre d'emploi qui pourrait vous correspondre, ou si vous ne rappelez pas telle personne que vous n'avez pas vue depuis longtemps.

Avoir conscience des biais cognitifs est très important pour la confiance en soi, car cela éclaire les mécanismes par lesquels on persiste dans des situations inutiles ou dangereuses. Ainsi, vous préférez réduire la valeur d'un individu qui défend une opinion contraire à la vôtre en se disant qu'il est bête ou qu'il n'y connaît rien, plutôt que de vous confronter à lui. C'est un moyen de réduire cette dissonance cognitive. C'est la même chose quand vous dites que la musique était mieux avant. Ou que l'école n'est plus ce qu'elle était, et que le niveau baisse chez les élèves.

Des biais cognitifs, il en existe des dizaines, mais on peut s'arrêter un moment sur les principaux qui jouent un rôle direct sur votre confiance en vous. Les connaître vous permettra de mieux les appréhender pour prendre du recul et réfléchir sur votre système de pensée. De quoi identifier vos peurs, obstacles, doutes et idées reçues qui vous empêchent d'avoir pleinement confiance en vous et d'avancer dans la vie.

1. L'effet Dunning-Kruger

Le premier, c'est ce qu'on appelle l'effet Dunning-Kruger, du nom des scientifiques qui l'ont théorisé. Ce qu'il dit, c'est que les personnes les moins compétentes dans un domaine ont tendance à se croire plus compétentes qu'elles ne le sont vraiment. Si vous êtes déjà resté de marbre face à une idée soi-disant fantastique de votre patron ou d'une amie, vous avez peut-être déjà expérimenté ce biais cognitif. En fait, moins la personne est compétente, moins elle accepte qu'elle soit incompétente. C'est un peu comme si vous ouvrez un logiciel de design pour la première fois et qu'après quelques minutes vous avez le sentiment que Photoshop n'est vraiment pas un problème et que c'est facile à maîtriser.

Les personnes victimes de l'effet Dunning-Kruger se surestiment, mais en plus, elles ne sont pas en mesure d'apprécier les compétences chez autrui. Le cerveau crée ce biais pour nous protéger. Pour éviter de nous sentir mauvais ou nuls, car nous avons des problèmes pour évaluer ce qui n'est pas dans notre domaine d'expertise.

Pour lutter contre ce biais, il faut accepter de vous remettre en question. En effet, la surconfiance implique que vous fassiez quelque chose sans jamais vous poser la question de savoir si c'est bien ou mal fait. Sachant que si c'est vous qui l'avez fait, c'est forcément bien. Et là, entre en jeu votre égo.

Celui-ci est un miroir déformant qui vous empêche d'apprendre et de devenir meilleur. Pourquoi faire des efforts si vous vous pensez parfait ? Pourquoi sortir de votre zone de confort ou s'intéresser aux autres quand vous êtes persuadé de tout savoir et tout connaître ?

Dans son livre « L'ego est l'ennemi », Ryan Holiday démontre que votre égo est un obstacle à la réussite de vos projets quand il vous incite à vous entourer de personnes moins performantes que vous. Des personnes sur lesquelles il sera facile d'exercer un pouvoir et un contrôle, qui ne vous mettront jamais en danger, qui ne vous corrigeront que trop rarement, et qui ne vous apprendront rien.

Et ce qui fonctionne dans le monde du travail fonctionne aussi dans la sphère personnelle. Vous avez peut-être des amies que vous avez inconsciemment choisies comme étant moins compétentes, connaisseuses ou expertes que vous pour ne pas vous mettre en danger.

Pour lutter contre l'effet Dunning-Kruger, il est donc important de se remettre souvent en question, de questionner son égo, de ne pas prétendre détenir la vérité, et de ne pas avoir peur de consulter des experts avant de s'exprimer.

2. Le biais de confirmation

Le deuxième biais cognitif à connaître s'appelle le biais de confirmation. À partir du moment où vous pensez quelque chose, vous ne serez en contact qu'avec des éléments qui confirment votre pensée. Je vous donne un exemple : si vous êtes enceinte, que votre conjoint et vous attendez un enfant, ou si vous souhaitez fonder une famille, soudainement, vous serez entourée de femmes enceintes, de poussettes et d'enfants en bas âge.

Le biais de confirmation consiste à privilégier des informations qui vont uniquement dans votre sens, tout en occultant toutes les autres informations. Si ça va dans votre sens, c'est que ça doit être vrai. Si vous pensez que passer sous une échelle porte malheur, vous n'allez retenir que les choses négatives qui vous sont arrivées une fois que vous êtes passée sous l'échelle... et oublier toutes les fois où il ne s'est rien passé !

Ainsi, si vous pensez manquer de confiance en vous, toutes vos actions vont confirmer cette pensée. Ce biais se manifeste lorsque vous rassemblez des éléments de manière sélective. Il s'agit d'un raccourci utilisé par le cerveau pour ne pas surchauffer. Vous imaginez les efforts à fournir si vous deviez rationaliser à outrance chaque pensée et chaque action ? Ce serait épuisant. Mais l'inverse est aussi vrai : nier le biais de confirmation risque de vous faire perdre le contrôle. Pour cela, il faut que je vous parle des deux systèmes de votre cerveau.

Comme Daniel Kahneman l'explique dans son ouvrage « Système 1 / Système 2 : les deux vitesses de la pensée », notre cerveau fonctionne en deux temps. Le système 1 est la partie du cerveau qui fonctionne intuitivement et soudainement. Pour résumer, c'est lui qui nous garde en vie. Le système 2 traite des activités conscientes de l'esprit telles que la maîtrise de soi, les choix et une attention plus délibérée.

À chaque fois que nous utilisons notre cerveau, nous avons tendance à utiliser le moins d'énergie possible pour chaque tâche. Lorsqu'il n'est pas nécessaire de mobiliser l'attention, nous sommes dans un état d'aisance cognitive et le système 1 est en charge de notre esprit, alors que le système 2, plus exigeant en énergie, est affaibli. Cela signifie que nous sommes plus intuitifs et plus créatifs, mais que nous sommes aussi plus susceptibles de faire des erreurs. Nous pensons plus rapidement et faisons régulièrement des raccourcis.

Dans un état de tension cognitive, notre conscience est plus élevée, et le système 2 est en charge. Il est plus prompt à vérifier nos jugements et nous ferons ainsi moins d'erreurs. Connaître le biais de confirmation est utile pour prendre de la hauteur sur ce que vous pensez et sur les actions à mettre en place. Ce n'est pas parce que vous n'avez pas confiance en vous que vous ne pouvez rien tenter, bien au contraire.

3. Le biais de négativité

Le troisième biais à connaître est le biais de négativité. C'est un mécanisme de votre cerveau qui fait que vous retenez plus facilement les mauvaises nouvelles. Pourquoi ? Pour le savoir, il faut revenir au tout début de l'évolution humaine où la vie était basique : une bonne nouvelle était constituée d'un toit, de chaleur et de nourriture. Une mauvaise nouvelle signifiait une mauvaise rencontre avec un prédateur et potentiellement des blessures mortelles. Au fil de l'évolution, cette démarche est restée ancrée en nous et a été démontrée par la science : votre cerveau traite plus efficacement les mots et les idées négatives.

La peur et l'anxiété mobilisent votre cerveau, car elles vous préparent inconsciemment à faire face à un danger. Et ce, même si nous ne vivons plus à l'âge de pierre. Le problème est que les idées négatives impactent votre confiance en vous. Il faut donc apprendre à s'en défaire et à rééquilibrer l'attention de votre cerveau.

4. Le syndrome de l'imposteur

Le quatrième biais est le syndrome de l'imposteur… ou ici, celui de l'impostrice. Il s'agit de la peur de ne pas être à la hauteur d'une tâche ou d'une mission, ou lorsqu'elle est réussie, d'avoir l'impression de ne pas mériter ce succès. On entre ici dans une démarche d'éternelle insatisfaction qui se matérialise dans sa vie professionnelle comme dans sa vie personnelle.

C'est le cas si vous êtes récompensée au travail alors que vous ne pensez pas le mériter. Ou si vous avez peur que votre conjoint vous idéalise, et que vous ne pouvez pas être à la hauteur de ses attentes.
La société nous impose des valeurs de compétition. Il faut briller sur les réseaux sociaux, être la plus belle, la plus performante, avoir le travail le plus passionnant, etc. Cette pression constante fait que l'on se compare sans arrêt aux autres et que la confiance en soi s'érode progressivement au fur et à mesure que l'écart se creuse entre notre perception de nous-mêmes et la vision que nous avons des autres.

Les personnes victimes du syndrome de l'imposteur se sentent alors dévalorisées. Comme si elles n'étaient jamais à leur place dans leur travail, avec leurs amis ou dans leur foyer. Cette recherche du contrôle, de l'exigence et de la perfection peut même devenir insupportable pour l'entourage. Pour tenter de s'en affranchir, il faut prendre du recul et se poser des questions : pourquoi telle chose vous est insupportable ? Quels en sont les impacts ? Est-ce qu'on vous aimera plus ou moins si vous faites une chose plutôt qu'une autre ? Pour abandonner cette impostrice qui sommeille peut-être en vous, il faut travailler sur soi, sur l'acceptation de soi et sa perception. Être positif, enjouée, et accepter ses erreurs sans se déjuger.

5. La fausse confiance

Un autre biais à connaître est celui de la fausse confiance. Connaissez-vous l'expression populaire américaine « *Fake it until you make it* » ? En français, cela signifie « faites semblant jusqu'à ce que vous y arriviez ». Le but est de se dire qu'en imitant la confiance, la compétence et un état d'esprit optimiste, une personne peut obtenir ces qualités dans sa vie réelle. Alors, bien sûr, la confiance inspire la confiance. Imaginez que vous expliquiez un concept à quelqu'un. Si on sent que vous avez confiance en vous, cela peut augmenter la crédibilité perçue.

Mais cela ne va pas plus loin, car la fausse confiance se détecte très rapidement dès lors qu'on vous pousse un peu dans vos retranchements. Pensez à un vendeur qui essaie de vous vendre un produit dont il ne connaît pas grand-chose, ou à des étudiants non préparés qui essaient de vous bluffer lors d'une présentation orale. Dès que vous commencez à creuser un peu ou à poser des questions précises, leur crédibilité s'effondre et ils deviennent indignes de confiance. À long terme, la confiance ne signifie rien si elle n'a aucun fondement dans la réalité.

Si l'apparence de la confiance est aussi importante que la confiance elle-même, elle ne peut se construire sans. Le risque, c'est de vous transformer en ballon de baudruche qui se dégonfle et disparaît à la moindre tension. Au lieu de feindre la confiance, communiquez honnêtement sur ce que vous ne savez pas, en vous appuyant sur votre expérience et votre capacité à transmettre des informations crédibles et bien calibrées.

6. Le biais de genre

Enfin, le dernier biais cognitif important à connaître, et que vous avez sans doute déjà expérimenté, est celui du biais de genre. Ou pourquoi les femmes ont moins confiance en elles que les hommes. Vivre dans un monde d'hommes est difficile, mais travailler dans un monde d'hommes l'est encore plus. La manière dont les hommes manifestent leur confiance en eux tend à être plus agressive que celle des femmes qui ont davantage tendance à collaborer avec les autres et à être plus humbles. Et parce que les hommes sont majoritaires dans les postes à responsabilité, ce sont eux qui définissent les normes. Cette inégalité de genre est étouffante et beaucoup de femmes ne se sentent pas assez sûres d'elles pour se lancer, même si elles ont de bonnes idées.

Des études ont ainsi montré que les hommes négocient leur salaire quatre fois plus souvent que les femmes lors d'un changement de poste. Et, même lorsque les femmes négocient, elles s'attendent toujours à recevoir 30 % de moins que les hommes.

Notre société est encore largement influencée par les stéréotypes de genre. Les femmes sont traditionnellement récompensées pour leur bon comportement et, en voulant se montrer à la hauteur, elles peuvent devenir perfectionnistes et moins enclines à prendre des risques. Or, pour avoir confiance en soi, il faut être capable de prendre des risques. Mais lorsqu'une femme essaie d'agir avec plus d'assurance, elle est souvent confrontée à une opposition consciente ou inconsciente.

Ce biais est global et notre société n'évolue pas encore assez vite sur ces sujets. Mais c'est important de savoir que votre manque de confiance peut venir de vous, mais également de causes extérieures comme les biais de genre, sur lesquels il est parfois difficile d'avoir de l'emprise. Il est donc important de ne laisser passer aucune remarque, aucun sous-entendu et aucun commentaire à tendance sexiste ou misogyne. Changer la culture d'un lieu de travail, d'une famille ou d'un groupe d'amis commence par ces petits pas. Des micro succès qui auront deux avantages : si vous éduquez votre entourage sur les biais de genre, vous saurez redonner confiance en incarnant le changement.

Rencontre avec

Leila Boutaleb-Brousse

" Doubting yourself is normal, letting it stop you is a choice.

Mel Robbins

Après 18 ans dans la stratégie marketing et le leadership au sein d'un environnement dynamique, stimulant et en constante évolution, Leila a décidé de se connecter à sa raison d'être : une passion pour servir et guider les femmes cadres et entrepreneures à se reconnecter avec leur authenticité et à poursuivre une carrière et une vie épanouissantes.

De nombreuses femmes cadres et entrepreneuses se sentent freinées, souffrent du syndrome de l'imposteur ou manquent simplement d'énergie ou de motivation pour concrétiser leurs aspirations. Cela entraîne du stress, de l'anxiété et parfois une perte de sens. L'approche E.T.A.P en 4 étapes de Leila non seulement restaure leur raison d'être, mais les aide également à gagner en confiance, à reprendre le contrôle de leur vie et à vivre une vie professionnelle et personnelle épanouie et authentique.

Leila est diplômée de l'ESSEC, et coach certifiée de Jay Shetty school, avec plusieurs clientes dirigeantes principalement dans l'industrie de la technologie et des services financiers.

Kristine : Qu'est-ce que le leadership pour toi ?

Leila : Il faut d'abord se demander ce qu'est un leader. Pour moi, c'est quelqu'un qui se lead soi-même, c'est-à-dire qui a la capacité d'influencer ses propres émotions, pensées et actions pour atteindre ses objectifs. Ensuite, c'est quelqu'un qui se développe lui-même avant de développer les autres. C'est très important d'avoir cet esprit d'amélioration continue. C'est enfin quelqu'un qui est au service de ses équipes, le cas échéant. C'est-à-dire que les besoins de ses équipes passent avant ses propres besoins.

K. : Parce que pour toi, un leader a forcément une équipe ? Il doit forcément être manager ?

L. : Non, pas du tout. Le leadership, ce n'est pas de l'autorité. C'est de l'influence. On ne suit pas un leader parce qu'on est obligé, mais parce qu'on veut le suivre. Un leader ne crée pas des followers, il crée d'autres leaders.

K. : Comment es-tu arrivée là où tu en es aujourd'hui ?

L. : Je suis une grande bosseuse et j'ai toujours été motivée pour travailler sur des projets différents afin de me renouveler. Mais c'est aussi quelque chose qui me prend beaucoup d'énergie. J'ai coché toutes les cases que la société et la famille attendaient de moi, mais je me suis oubliée et je me suis aussi un peu perdue. C'est pourquoi j'ai eu besoin de redéfinir mon projet de vie afin de savoir ce que je voulais vraiment faire et ne plus courir après le reste.

K. : Est-ce un travail que tu aurais pu faire plus tôt ?

L. : Je ne suis pas sûre, car il faut être prête pour ça. Je ne regrette rien de mon parcours, je suis super fière et je pense que chaque expérience m'a aidé à grandir et à me préparer pour la suite. Aujourd'hui, je dirais que la nouvelle génération a conscience de la nécessité de travailler sur soi pour savoir ce que l'on veut vraiment, quelles sont nos vraies valeurs, nos besoins et nos désirs. C'est certain que plus tôt on le fait et plus tôt on se sent plus alignée et plus en paix avec soi-même.

K. : Qu'est-ce que la réussite, selon toi ?

L. : J'aime la définition de Gary V. qui dit qu'il faut changer la manière de voir la réussite dans la société. La réussite n'est pas de gagner des milliards, mais de se réveiller le matin de bonne humeur. Je suis tout à fait en phase avec cette définition, car pour moi, la réussite ne fait pas le bonheur. L'équation doit être inversée : le bien-être procure l'enthousiasme et l'énergie qui génèrent la motivation, et qui à son tour contribue à la réussite, au succès et à la performance.

K. : Est-ce que tu dirais que tu as réussi ?

L. : La réussite est un long chemin. Je ne peux pas avoir la prétention de dire que j'ai réussi. On peut être rapidement dévorée par nos peurs et nos angoisses qui nous ralentissent. Pour moi, la réussite est un effort continu. Ce n'est pas un état ou un fait. Il faut se donner les moyens de réussir avec un bon état d'esprit, des pensées positives et un passage à l'action pour atteindre ses objectifs. Ma réussite serait le fait d'être alignée et en phase avec ce que je veux et ce que je suis vraiment.

K. : Quel message souhaites-tu faire passer aux lectrices (et lecteurs) de ce livre ?

L. : J'aimerais que la majorité des femmes se soutiennent et s'entraident entre elles. Pour y parvenir, il faut travailler sa confiance en soi. C'est-à-dire croire en ses capacités, oser passer à l'action et arrêter de se sacrifier et de se donner des limites. Nous avons grandi dans une société où on nous dit qu'on ne peut pas tout avoir. Qu'il faut choisir entre la vie personnelle et la vie professionnelle. On nous dit qu'on ne peut pas être une bonne mère et une vraie professionnelle. Moi, je me bats contre ces croyances parce que c'est faux. Je dis qu'on est des super women et qu'on peut tout avoir mais pas forcément tout en même temps, car il faut en permanence prioriser. Il faut donc changer ces croyances limitantes, c'est indispensable !

K. : Quel est ton regard sur la confiance en soi ?

L. : Je dirais que c'est la capacité de croire en ses capacités et en soi sans chercher la validation des autres. C'est une compétence qui peut se développer mais qui est aussi contextuelle, car selon les situations on peut se sentir plus ou moins confiante. Les comprendre et les identifier permet de s'adapter et de s'améliorer. En effet, travailler dur ne suffit pas si on n'a pas confiance en soi. Ce n'est pas quelque chose que mes parents m'ont inculqué.

Au contraire : j'ai grandi dans une famille avec un père papa poule, ultra protecteur et ultra angoissé en permanence. Quand on a des enfants, on essaie aussi d'y être attentif. Je me souviens avoir eu eu un entretien avec une enseignante qui me disait que mon fils travaillait très bien, mais qu'il n'avait aucune confiance en lui. Je me suis sentie sous pression même si, objectivement, la situation n'était pas si alarmiste. Nous avons fait des tests et consulté des spécialistes, ce qui a été très utile. Aujourd'hui, c'est le problème inverse. Il est adolescent et est dans l'excès ! Comme quoi, c'est une recherche permanente d'équilibre qui n'est jamais acquise.

K. : Quel est ton truc pour retrouver de l'énergie et garder confiance en toi en cas de doute ?

L. : En fonction de mon état d'esprit, je fais souvent deux choses.

La première c'est de danser ! J'adore danser avec une playlist «motivation » spécialement créée pour ça. Quand je n'ai pas envie de danser, je m'allonge et je médite pendant 10 minutes. Ce n'est pas quelque chose que je fais tous les jours avec une routine précise, mais uniquement selon mes envies dès que j'en ressens le besoin. ∎

Le livre qu'elle nous recommande

Le livre de Carole Dweck intitulé **« Mindset: The New Psychology of Success »** est un grand classique à lire quand on parle de confiance en soi !

Chapitre ———————

2.

Le courage
et l'audace

L'anecdote de

Kristine

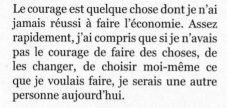

Le courage est quelque chose dont je n'ai jamais réussi à faire l'économie. Assez rapidement, j'ai compris que si je n'avais pas le courage de faire des choses, de les changer, de choisir moi-même ce que je voulais faire, je serais une autre personne aujourd'hui.

Le moment où il a fallu que je rassemble ce courage fut ce moment à l'aéroport. Vous vous souvenez de l'histoire d'Audacia dont je parlais au début du livre ? Ce personnage, c'est moi, à l'aéroport, du haut de mes 22 ans, pour ma première fois en France. Je suis là, devant cette porte, il ne me reste plus qu'à sortir pour changer ma vie. Un seul pas et une nouvelle vie commence. Une nouvelle vie que j'ai choisie, que je voulais et que j'ai soigneusement préparée. Cette vie qui m'amènera à devenir une femme leader. Sauf que je n'arrivais pas à sortir. Tétanisée devant cette porte, je ne voulais qu'une seule chose : faire demi-tour et rentrer chez moi avec toutes ces questions qui tournent dans la tête.

Après tout, j'étais bien à Saint-Pétersbourg. J'avais un travail, des amies fidèles, mes parents et leurs soutiens, je maîtrisais la langue... alors, pourquoi tout changer maintenant ?

Il m'a fallu quelques minutes pour littéralement prendre mon courage en main et franchir cette porte. 7 ans plus tard, le scénario se reproduit. J'ai 29 ans et ai reconstruit une nouvelle vie après des années de travail acharné. Pourtant, je divorce, je change de travail et je vends cet appartement que je voulais tant parce qu'à ce moment, j'avais seulement besoin de me retrouver. Et de nouveau, cette panique...

Aujourd'hui, j'ai appris à la reconnaître et à la gérer, mais c'est un exercice qui m'a pris presque 20 ans et beaucoup d'efforts pour la transformer en quelque chose de nouveau et d'excitant. C'est grâce à elle que j'ai fait preuve de courage et que je continuerai à persévérer, quelles que soient les épreuves de la vie.

Dans la culture populaire, le courage c'est ce policier testostéroné qui se lance dans une course poursuite pour attraper un malfrat. Ce sont aussi ces biopics qui mettent en avant des personnalités incroyables, inspirantes, mais souvent inatteignables pour le commun des mortels. Ce sont, enfin, ces athlètes qui sacrifient tout pour atteindre leur but ou ces icônes de la lutte contre les inégalités et les discriminations. Notre représentation du courage passerait donc nécessairement par une prise de risque immense ou un sacrifice ultime ?

En réalité, pour les femmes, le courage se vit au quotidien. C'est prendre le métro seule le soir. C'est accepter de rejoindre un groupe de travail majoritairement composé d'hommes. C'est ne pas rire à une blague sexiste, homophobe ou raciste. C'est accepter de sortir de sa zone de confort. C'est se poser des questions en tant que mère. C'est accepter les incertitudes de l'avenir avec une charge mentale au bord de l'explosion.

Le courage est un trait de caractère qui se construit souvent dans l'adversité. Il faut d'ailleurs bien faire la différence entre le courage et la témérité. Par exemple, il est insensé, et non courageux, d'amener son équipe face à toutes sortes de problèmes parce que vous ne pouvez pas reconnaître que vous avez peur ou que vous avez besoin de l'expertise des autres. Le courage n'impose pas de se construire une carapace. En réalité, on est souvent courageux quand on a confiance en soi. À partir du moment où votre compétence est reconnue, vous paraissez plus fort lorsque vous admettez que vous ne savez pas répondre à une question ou que vous cherchez de l'aide. Il en va de même avec les excuses. Lorsqu'une femme en situation de responsabilité dit sincèrement qu'elle est désolée, c'est un acte de courage. À l'inverse, personne ne considère qu'une personne est un bon leader ou un héros si elle dissimule ses erreurs par des mensonges ou des omissions.

Le vrai leadership ne consiste pas à gagner un concours de popularité. Le vrai courage ne consiste pas à écraser les autres et à s'élever au-dessus de la foule. Il s'agit de prendre les bonnes décisions au bon moment, particulièrement si le contexte est difficile.

Un leader courageux est quelqu'un qui n'a pas peur de chercher honnêtement et ouvertement à obtenir des avis critiques de la part de ceux qui l'entourent. Il est prêt à écouter tous les commentaires, y compris ceux qui ne sont pas nécessairement faciles à entendre, à en tirer des leçons et à apporter des changements. Une démarche qui vaut dans sa vie professionnelle comme dans sa vie de tous les jours. Cela signifie qu'il faut avoir le courage de ses convictions. Les leaders courageux doivent être prêts à tenir bon et à être absolument clairs sur leurs valeurs et leurs principes à tout moment. Ils doivent avoir le courage de s'y tenir, même lorsqu'il est plus facile d'esquiver la bataille ou d'éviter des conversations difficiles. Pour être des leaders courageux, les femmes doivent s'efforcer de toujours faire ce qui est juste, plutôt que ce qui est opportun.

Dans le monde entier, les femmes sont freinées par la peur : la peur d'essayer de nouvelles choses, la peur de l'échec ou peut-être même de la réussite, et de ce que cela signifierait pour elles et leur famille. Elles craignent la façon dont les gens les perçoivent et luttent pour se débarrasser des doutes tenaces. Pour vivre courageusement, il faut d'abord identifier le rôle que joue la peur dans vos habitudes et vos routines. Elle peut provoquer du stress ou un sentiment de doute. L'idée même de changement peut vous sembler irréalisable ou inconfortable.

Imaginons que vous souhaitiez changer de carrière. Mais comme vous avez déjà investi beaucoup d'argent et de temps pour obtenir un diplôme dans votre domaine, ou parce que cela fait vingt ans que vous travaillez dans la même entreprise, il vous semble illogique ou trop compliqué de recommencer. Vous continuez donc à travailler, même si vous redoutez de plus en plus d'aller au travail chaque matin. Le cerveau préfère le confort et la prévisibilité. Pour cela, il inonde votre corps de sentiments de peur et d'anxiété lorsque ses routines sont remises en question. De même, lorsque vous choisissez la voie prévisible, le cerveau vous récompense par un sentiment de relaxation et de bien-être.

Le courage et l'audace sont des qualités qui nécessitent parfois de se battre contre soi-même.

Elles exigent de la patience et de la persévérance pour vivre avec des sentiments qui vous mettent mal à l'aise. Face à une telle situation, vous pouvez choisir de faire preuve de courage en acceptant votre peur, en vous autorisant à abandonner le statu quo et à trouver une meilleure façon de vivre.

Une façon d'y parvenir est de reconsidérer votre approche de la peur en remettant en question vos anciennes habitudes et en en créant de nouvelles. Car il n'y a qu'une chose à retenir : choisir le courage est et sera toujours une meilleure option que le confort.

Il était une fois Beth **Comstock**

Des histoires de femmes courageuses, il y en a beaucoup et ce sont des modèles particulièrement inspirants. C'est notamment le cas de Beth Comstock qui est devenue la première femme vice-présidente de General Electric, l'une des plus grandes entreprises américaines. Une vie professionnelle qui a nécessité une immense dose de courage pour prendre des risques et bouleverser sa carrière.

Bien qu'elle ait longtemps eu l'ambition de devenir journaliste scientifique, au milieu de la vingtaine, sa carrière piétinait. En cumulant deux emplois, celui de serveuse à temps partiel et celui de journaliste dans sa ville natale, elle ne parvenait à décrocher aucun des postes les plus prometteurs pour lesquels elle postulait. Pourtant, elle avait suivi toutes les règles et fait exactement ce que ses parents et la société de sa petite ville attendaient d'elle. Elle s'est installée avec son petit ami rencontré à l'université, s'est mariée et est tombée enceinte. Une vie bien rangée en sorte. Bien rangée, mais triste à souhait.

En l'espace de quelques mois seulement, elle s'est sentie piégée. Elle savait qu'une vie meilleure l'attendait, si seulement elle avait le courage de l'atteindre. Au mépris de toute prudence, elle annonce à son mari qu'elle veut divorcer et déménage avec sa fille en bas âge en direction de Washington. Bien qu'elle ait choisi de devenir une mère célibataire, avec tous les défis que cela comporte, il était clair pour elle que ce n'est qu'en acceptant l'imperfection, les complications et les erreurs, qu'elle pourrait avoir la vie complète qu'elle désirait désespérément.

Très vite, son pari s'est avéré payant et elle a obtenu un emploi à temps plein dans le domaine de la publicité au bureau des informations de la grande chaine NBC. En s'investissant à plein dans son emploi, elle progresse rapidement grâce à son mental en titane. Elle a toujours eu tendance à prendre des mesures décisives. Qu'il s'agisse de divorcer de son mari, de commencer une nouvelle vie ou de mettre en œuvre avec audace de nouvelles idées au travail, elle est fière de dire qu'elle ne s'est jamais cherchée d'excuses pour ne pas faire ce qu'elle devait faire et franchir l'étape suivante sur la voie d'un avenir meilleur.

À 38 ans, elle devient vice-présidente de NBC News et a contribué à transformer le réseau en un acteur majeur des médias. Une rencontre fait alors tout basculer, lorsque Jack Welch frappe à sa porte. Le PDG de General Electric lui demande de rejoindre son entreprise en tant que vice-présidente de la communication corporate. Elle accepte sans hésiter, sans savoir que cette mission sera la plus difficile de toutes en raison d'un sexisme intense auquel elle serait confrontée de la part de ses nouveaux collègues.

À la fin des années 1990, le monde de l'entreprise était un environnement extrêmement dominé par les hommes. À tel point qu'à l'hôtel que la société utilisait pour sa conférence annuelle des cadres, les femmes cadres devaient utiliser des toilettes improvisées à côté de la cuisine de l'hôtel, les toilettes pour femmes de la salle de conférence ayant été transformées en toilettes pour hommes. Cette culture dominée par les hommes était encore plus prononcée au siège social où les hommes ne pouvaient pas supporter l'idée qu'une femme entre dans leur domaine, et encore moins qu'elle soit chargée de prendre des décisions stratégiques importantes.

Heureusement, elle avait une arme secrète à sa disposition pour faire face à cette hostilité sexiste : elle était introvertie. Bien qu'on ne lui ait souvent pas laissé beaucoup de latitude et qu'on l'ait généralement fait se sentir comme une étrangère, cela ne la dérangeait pas outre mesure. En tant que personne introvertie, elle avait déjà l'habitude d'être un outsider discret dans le monde des affaires, qui est généralement dominé par des personnes à la personnalité plus extravertie.
Pour faire face à son nouvel environnement, elle s'est donc appuyée sur les avantages naturels qu'elle possédait en tant qu'introvertie. Ce sont des personnalités qui peuvent ne pas faire entendre leur voix dans les réunions, mais qui ont tendance à être de très bons auditeurs et observateurs, capables de traiter de manière réfléchie les idées et les discussions qui se déroulent autour d'eux. Son introversion lui a permis de se distancer de ses collègues, de se concentrer uniquement sur leurs idées et de ne pas en faire une affaire personnelle. Et ainsi de monter tous les échelons jusqu'à la vice-présidence d'une des plus grandes entreprises américaines. Son histoire racontée dans le livre « *Imagine It Forward* » (non traduit en français) souligne à quel point le courage et l'audace jouent un rôle clé pour se lancer, passer à l'action, sortir des sentiers battus et tester de nouvelles idées.

La confiance en soi est une composante essentielle du leadership au féminin.

Le point crucial derrière cette notion de confiance en soi est de pouvoir **oser**. Oser demander une augmentation à son patron. Oser quitter son emploi. Oser prendre la parole en public. Oser présenter une idée, une innovation, ou apporter une critique constructive. Mais c'est aussi oser quitter votre conjoint avec qui ça ne va pas, ou aborder l'homme ou la femme qui vous plaît. Oser tenir bon dans les moments de doute et dans les challenges du quotidien. Oser être positif, optimiste et croire en l'avenir. Oser aider celles et ceux qui en ont besoin. Et surtout oser croire en vous.

Travailler sur la confiance en soi est une tâche qui s'étale sur le long terme. Il y a un point de départ - aujourd'hui - mais pas de ligne d'arrivée. Pourquoi ? Car le monde change, votre environnement social, familial, personnel et professionnel également. Vous pouvez avoir confiance en vous aujourd'hui dans une situation particulière, et devoir tout recommencer demain parce que vous faites face à des défis inédits. Vous pouvez, par exemple, avoir confiance en vous au moment de négocier avec un client, et vous retrouvez diminuée à la maison avec un conjoint toxique. Personne ne dira un jour « j'ai confiance en moi, pas de problème, je passe à autre chose ». Ce n'est pas une science exacte que l'on maîtrise une fois pour toutes. C'est une aventure. Mais une aventure extraordinaire qui peut vous emmener très loin.

Une étude scientifique publiée par l'association américaine de psychologie indique que l'âge auquel notre confiance en nous atteindrait son apogée est de 60 ans. Pourquoi ? Parce qu'on possède une meilleure connaissance de soi, qu'on accorde beaucoup moins d'importance au regard des autres et qu'on est plus en phase avec son apparence. Ça semble logique, pas vrai ? Et pourtant, ça serait trop bête d'attendre d'avoir 60 ans pour avoir confiance en soi, et donc pour développer son leadership.

Alors, qu'est-ce que la confiance en soi exactement ? C'est le fait de croire en son potentiel et en ses capacités afin d'atteindre un objectif. Avoir confiance en soi signifie donc être dans les meilleures dispositions mentales et physiques afin de réussir à faire quelque chose.

Rencontre avec

Samira Djouadi

" La tempête ne reste jamais figée. Après la tempête, il y a le soleil.

Proverbe

Depuis de nombreuses années maintenant, Samira Djouadi s'investit pour les jeunes issus des banlieues en les aidant notamment à s'insérer dans le milieu professionnel. La fondation d'entreprise TF1, depuis sa création en 2008, soutient des initiatives associatives ou individuelles porteuses de projets liés aux métiers et évènements du groupe TF1. Elle a également créé l'association « Sport à Vie » à Aubervilliers, permettant aux enfants de participer à des grands événements sportifs.

Samira Djouadi détient un BTS en gestion, un diplôme d'éducatrice sportive ainsi qu'un diplôme de l'université Dauphine « Chaire management et diversité ».

Samira Djouadi a récemment été élue Femme de Coeur des Femmes en Or.

Kristine : Comment es-tu arrivée là où tu en es aujourd'hui ?

Samira : Je dirais que c'est d'abord grâce à moi-même, car j'ai grandi dans un environnement familial qui n'avait pas le bon réseau ou les moyens financiers en comparaison de personnes qui ont eu la chance de grandir dans un milieu sociodémographique favorisé. Toutefois, je me suis toujours dit que rien n'était impossible, mais que ça allait être très dur ! En plus de beaucoup travailler, un des leviers de la réussite, ce sont les rencontres que j'ai faites. Le fait de cultiver un réseau est fondamental, car il y a toujours des mains qui se tendent, et on ne sait jamais quelles opportunités se cachent derrière.

K. : Que rêvais-tu de faire quand tu étais petite ?

S. : Je ne me voyais nulle part, car je n'avais pas de modèle.
En effet, je suis issue d'une famille nombreuse avec 7 frères et sœurs. Exister au milieu d'une telle fratrie est compliqué. Si je n'avais pas d'aspirations claires, j'étais très consciente du fait que j'avais envie de réussir ! Je ne voulais pas me laisser vivre et me sentir victimiser par la société, parce que je ne suis pas issue d'une famille aisée et que je n'ai pas pu faire de grandes études par manque de moyens.

K. : De quoi es-tu la plus fière dans ton parcours ?

S. : C'est de réussir à faire tomber les barrières et les schémas limitants que l'on trouve beaucoup chez certains jeunes. Quand ils se disent que les seules barrières sont dans leur tête et qu'il est possible de passer outre. Déconstruire ce schéma en montrant par l'exemple est une expérience incroyable !

K. : Comment as-tu créé la fondation TF1 ?

S. : Au début, je monte une association puis je décide d'aller chercher TF1 comme partenaire. C'était clairement mission impossible, mais j'ai réussi avec beaucoup d'audace et de persévérance. J'ai pris mon téléphone et tous les jours, à la même heure, pendant 6 mois, j'ai appelé le secrétariat du président. Je ne connaissais personne, mais j'appelais tous les jours, et les assistantes me répondaient quotidiennement qu'elles étaient désolées, mais qu'elles n'avaient pas de retour pour avoir un rendez-vous. Elles s'attendaient sans doute à ce que je m'énerve ou abandonne, mais c'était mal me connaître ! Puis, un jour, au bout de six mois, une assistante me dit qu'elle a obtenu un rendez-vous pour moi avec le président de TF1. Une fois sur place, il me dit qu'il n'a que 5 minutes. En 5 minutes, je lui ai vendu mon projet. Il prend son téléphone, appelle un collaborateur, l'invite à rejoindre la réunion et lui dit qu'à partir de maintenant, on va me donner tout ce dont j'ai besoin. Les 5 minutes se sont transformées en une heure et demie ! Par la suite, je le voyais quelques fois par an pour faire un bilan des actions financées par TF1, puis un jour il me propose un job, mais qui n'était pas dans mes compétences immédiates. Après avoir beaucoup hésité, j'ai décidé de lui faire une proposition en lui disant que j'étais prête à apprendre ce nouveau métier, mais à une condition : créer une fondation chez TF1. Je voulais être celle qui propose un projet de fondation et qui la dirige. J'ai donc appris le métier de commerciale dans la pub digitale, tout en construisant une fondation, dont le but était de créer une passerelle entre les gens qui ne se parlent pas naturellement. Aujourd'hui, on a l'impression que la fondation a toujours existé, tellement elle est rentrée dans l'ADN de l'entreprise. Mais pour y arriver il a fallu une immense dose d'audace et de courage !

K. : Tu penses que l'audace est une qualité innée ou acquise ?

S. : Je pense qu'il y a une petite part d'inné parce que chacun a son caractère. De mon côté, j'ai eu de la chance d'être née dans une famille nombreuse où il fallait se battre et se défendre pour exister. Il fallait montrer que j'étais là, et je n'ai pas eu le choix que de travailler cette présence et cette envie. Enfant, j'avais toujours des choses à raconter. Je pense que c'est ce qui m'a très tôt poussé à me battre constamment pour trouver ma place.

K. : Comment est-ce que tu gères les moments difficiles ?

S. : Je sais que les moments difficiles sont parfois nécessaires, car ils font partie de la vie, mais je sais aussi qu'ils ne seront que passagers. Je me mets alors en mode patience et je prends sur moi, le temps que les choses se remettent en place. J'essaie aussi de construire des stratégies et de continuer à entreprendre pour trouver des solutions. Plus on me dit que ça va être difficile, plus ça me donne une énergie de dingue, car je veux prouver aux gens qui disent ça, qu'ils se trompent. J'aime entreprendre, surtout en collectif, et je pense avoir cette force et cette capacité à m'entourer de gens compétents. Avec les bonnes personnes, c'est toujours plus facile de rebondir !

K. : Est-ce que le leadership féminin est différent de celui des hommes ?

S. : Je dirais qu'il y a trois types de leadership. Celui de l'homme qui est classique, patriarcal, qui met son costume et qui joue un rôle sans intégrer la partie humaine. Ensuite, on a le leadership de la femme qui s'est transformée en homme. Et ça pour moi, c'est la catastrophe, car elle pense qu'en portant ce costume d'homme, elle se fera respecter et qu'elle sera légitime dans ce poste. Or, c'est rarement le cas, et ça peut conduire à l'éloigner de ses vraies valeurs. Pour une femme, répliquer un leadership plus masculin peut être toxique. Enfin, il y a le vrai leadership au féminin, où l'on doit mettre tous les bons ingrédients ensemble pour développer une forte légitimité, un grand charisme et une aura incroyable. ∎

Le livre qu'elle nous recommande

Un livre qui s'intitule **« Retour de l'au-delà »** sur l'histoire de George Ritchie qui a été déclaré mort deux fois par un médecin avant de revenir à la vie neuf minutes plus tard. Une histoire d'expérience de mort imminente qui est assez fascinante, en particulier si on s'intéresse un peu à la spiritualité.

Chapitre

3.

La gestion de l'échec et de la vulnérabilité

L'anecdote de

Kristine

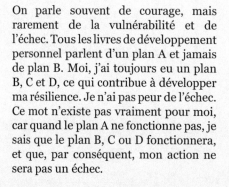

On parle souvent de courage, mais rarement de la vulnérabilité et de l'échec. Tous les livres de développement personnel parlent d'un plan A et jamais de plan B. Moi, j'ai toujours eu un plan B, C et D, ce qui contribue à développer ma résilience. Je n'ai pas peur de l'échec. Ce mot n'existe pas vraiment pour moi, car quand le plan A ne fonctionne pas, je sais que le plan B, C ou D fonctionnera, et que, par conséquent, mon action ne sera pas un échec.

En revanche, la vulnérabilité a toujours été un sujet important pour moi. Demander de l'aide m'a toujours semblé être une chose impossible. Je n'étais même pas capable de demander à un ami de me ramener chez moi, par exemple. J'ai fait un travail fondamental sur moi-même au cours des 10 dernières années. Ce travail n'aurait pas été possible sans mes très proches amies qui m'ont accompagnée pendant mon divorce dans un pays où je ne connaissais pratiquement personne. Ce sont elles qui ont compris que je ne disais jamais quand ça n'allait pas.

Il y a sans doute une idée profondément ancrée en moi qui est celle de cette femme forte, capable de tout faire à la fois. Une *Wonder Woman* que j'ai rapidement balayée dès la naissance de ma fille. Un enfant que j'ai fait seule et qui m'a fait réaliser qu'on ne peut jamais être parfaite, même si j'ai encore honte quand quelque chose m'atteint. Avec le temps, je commence enfin à accepter que partager sa vulnérabilité fait surtout de moi une meilleure personne.

Une rupture amoureuse, un divorce, un licenciement, une rupture de contrat, une faillite, un abandon...

Des échecs, il y en a beaucoup dans la vie, et certains peuvent être difficiles à digérer. C'est normal et totalement humain. Pourtant, il n'y a pas de réussite sans échecs et votre leadership dépend de la façon dont vous gérez et envisagez l'échec. Traditionnellement, personne ne veut s'attarder sur ses échecs ou même en discuter. C'est dommage, car c'est en fait la clé du succès.

Nous célébrons et adorons les réussites. Elles font du bien au moral et nous incitent à aller encore plus loin. Que ce soit votre premier marathon, la réussite de vos enfants à un examen, une promotion au travail, une nouvelle rencontre amoureuse, une naissance... les réussites s'affichent sur les réseaux sociaux, dans les souvenirs et laissent une marque forte dans l'inconscient.

À l'inverse, nous sommes tentés de cacher les échecs. De les oublier. De les enterrer le plus profondément possible dans notre tête. Pourquoi ? Car ils ont une connotation négative. C'est le côté « perdant » qui ressort. Pourtant, l'échec fait simplement partie du processus d'apprentissage qui contribue à votre réussite future. Dans cette perspective, l'échec semble utile. Mais ce qui prend toute la place, c'est la peur de l'échec. La raison est à chercher dans la pression sociale qui commence dès l'école : on nous apprend à valoriser les bonnes notes et à craindre les mauvaises. Ainsi, la peur de l'échec s'insinue en nous dès notre plus jeune âge. Puis vient le temps des compétitions dans le sport ou les études. Il y a un gagnant et un perdant. L'un est admiré, l'autre est laissé pour compte. Personne n'a envie de perdre. Voilà pourquoi on évite la prise de risque. On a peur de ne pas être capable, de ne pas être au niveau, de ne pas bien comprendre, de poser des questions qui pourraient remettre en cause nos compétences et notre intelligence. Bref, on a peur d'être dénigré, jugé et humilié.

Si l'échec peut être douloureux, il ne vous définit pas.

En lui accordant trop d'importance et en le laissant vous définir, vous entrez dans un cycle vicieux qui peut affecter votre leadership.

Un divorce douloureux ne signifie pas que vous ne pourrez plus retomber amoureux. Un licenciement ne signe pas la fin de votre carrière. Des enfants turbulents ne font pas de vous une mauvaise mère.

Vous devez envisager l'échec sous un nouveau jour. Ce n'est pas une expérience négative, mais une opportunité d'apprendre et de progresser. Surtout que tout le monde échoue.

Le roman *Carrie* de Stephen King a été refusé plus de 30 fois avant d'être finalement publié et de devenir son premier best-seller. Walt Disney a créé plusieurs entreprises qui ont fait faillite avant de bâtir son empire. Steven Spielberg a été refusé à plusieurs reprises à la prestigieuse école USC School of Cinematic Arts, ce qui ne l'a pas empêché de faire du cinéma. Vous imaginez si King, Disney et Spielberg avaient abandonné après leur échec ?

Si vous acceptez l'échec, la bonne nouvelle est qu'il deviendra de moins en moins douloureux. Plus vous tomberez, plus vous vous relèverez rapidement. Ainsi, vos compétences progresseront plus vite et vous prendrez des risques plus intelligemment. Ensemble, tous ces éléments augmentent vos chances de succès.

Pour comprendre l'échec, il faut comprendre comment il se construit. En fait, on peut schématiquement lui affecter trois grandes causes : les erreurs personnelles, les facteurs externes et les tentatives infructueuses.

1. Les erreurs personnelles

Les erreurs personnelles sont liées à des lacunes, à une mauvaise concentration ou à une inadéquation entre les objectifs et les ressources. Vous n'avez pas fait de sport depuis 10 ans et vous vous lancez dans un marathon sans préparation. C'est une erreur personnelle. Vous passez un examen important pour votre carrière et n'avez pas pris le temps de vous y préparer correctement. C'en est une autre.

2. Les facteurs externes

Les facteurs externes sont des éléments que vous ne pouvez pas contrôler. Dans la vie, il y a toujours une part d'incertitude qui peut causer des échecs. Un dossier mal ficelé au bureau, un conjoint toxique ou un problème technique au moment de prendre la parole en public, par exemple. Vous ne pouvez pas tout prévoir ni tout savoir.

3. Les tentatives infructueuses

Les tentatives infructueuses sont des essais qui ont mal tourné. C'est le cas, si vous étiez trop précurseur pour faire quelque chose qui n'a jamais été fait et qui a échoué. La culture de votre entreprise n'était pas prête pour un changement d'envergure par exemple. Il vous faut donc développer des compétences, ajuster vos idées et ne pas hésiter à y retourner.

Dans tous les échecs, il est essentiel de s'approprier ses erreurs. D'accepter une part de responsabilité afin de pouvoir rebondir plus rapidement.

Pourquoi ? Parce que c'est difficile et cela fait partie du processus naturel de guérison. Il est facile de blâmer quelqu'un d'autre. Mais c'est une excuse qui n'a aucune valeur et qui ne déclenche que des ressentiments contre-productifs. Il faut donc assumer.

Inconsciemment, vous refusez peut-être de vous approprier vos erreurs pour ne pas perdre confiance en vous et en vos compétences. Pour lutter contre ce phénomène naturel, essayez de déterminer honnêtement votre part de responsabilité. Si c'est trop difficile, demandez de l'aide à un collègue, un ami, un proche... Essayez de comprendre ce qui n'a pas été, puis mettez en place une stratégie pour éviter que ça se reproduise. Si vous réussissez à aborder la réalité de façon proactive, à reconnaître vos erreurs et à apprendre de vos échecs, vous deviendrez une meilleure personne, plus ouverte, plus souriante et plus confiante. En clair, une leader !

Il faut cependant bien faire la différence entre parler de ses échecs pour tenter de les comprendre et se plaindre. Les personnes qui se plaignent constamment n'attirent pas la bienveillance. Pourquoi ? Car elles sont dans une démarche négative. Elles critiquent sans rien proposer. Elles en veulent au monde entier sans se remettre en question. Elles pensent attirer l'attention, alors qu'elles se paralysent et se renferment. Et quand elles ont fini de se plaindre, elles sont seules : les personnes capables de gérer les échecs ont rebondi, sont passées à autre chose, ont peut-être de nouveau échoué, mais sont dans un autre univers, un autre monde et une autre phase de leur vie.

Comment se relever après un échec ?

La question que vous vous posez peut-être est de savoir comment se remettre en selle après une ou plusieurs chutes. La règle de base est simple : vous êtes responsable de ce qui vous arrive et il n'y a pas de place pour les excuses. Ça peut sembler violent, mais c'est la réalité. L'accepter, c'est avancer, car il est possible que personne ne vous vienne en aide. Il ne faudra alors compter que sur vous-même.

Parfois, il faut un peu de temps pour se remettre en selle, et c'est normal. Pour y parvenir, listez vos qualités, vos réussites récentes et vos succès, puis engagez-vous à devenir plus forte.

Souvenez-vous de votre valeur personnelle, de ce en quoi vous croyez et engagez-vous à vous améliorer. C'est à ce moment-là que vous êtes prête à reprendre confiance en vous. Pour y parvenir, fixez-vous un délai. Définissez un moment où vous cesserez d'accepter votre situation actuelle pour passer au niveau supérieur et augmenter votre niveau de confiance.

Ensuite, établissez un plan : si votre échec est lié à un manque de compétences ou d'expériences, que faut-il faire pour les acquérir ? Commencez petit : une micro victoire est une tâche facile à accomplir qui vise à vous donner de l'élan. C'est un peu comme remonter sur son vélo après une chute. C'est un petit pas qui vous remet sur la voie de la confiance en soi. Se fixer des objectifs permet de mettre en place un plan d'action pour reprendre confiance en soi et ainsi progresser plus vite dans sa vie.

Rencontre avec

Manaëlle Perchet

"Soyons le changement que nous voulons voir dans le monde.

Gandhi

En 2015, avant de devenir la *scale-up* que nous connaissons aujourd'hui, Wemanity était alors une *startup* en création pour laquelle il fallait co-construire les process, les pratiques, la culture, et sa communauté. C'est dans ce contexte que Manaëlle effectue un premier stage dans l'entreprise, lors de la création de son entité belge, en tant que *Community Builder*. Un an plus tard, après avoir validé un *MSC Project & Programme Management & Business Development* et un mémoire obtenu avec distinction, elle rejoint le fondateur de Wemanity, Jean Christophe Conticello, en tant que « *Culture starter* » afin d'accompagner l'harmonisation des filiales en création, et la montée en compétences des équipes support via l'Agile, l'innovation et la coopération.

En 2018, la fibre entrepreneuriale et philanthropique de Manaëlle s'incarne au sein de l'entreprise via le lancement de Welmpact, une démarche individuelle visant à encourager et *empowerer* les employés volontaires de Wemanity dans la création d'impacts positifs à travers des collectes, des actions solidaires et environnementales sur les causes leur tenant le plus à coeur. Le développement de Welmpact repose sur ses expériences en gestion de projets et sa connaissance du tissu associatif. Un an plus tard, Welmpact deviendra la RSE officielle du Groupe Wemanity dont elle prendra la direction en vue d'incarner la Transformation Durable de l'entreprise et de ses parties prenantes.

Kristine : Comment es-tu arrivée là où tu en es aujourd'hui ?

Manaëlle : Ce sont sans doute les épreuves auxquelles j'ai dû faire face qui m'ont le plus forgée, en particulier celles que je n'ai pas choisies, parce qu'elles m'ont permises d'apprendre à adapter ma posture vis-à-vis de ce qui m'était imposé : résilience, courage et adaptabilité face à l'adversité. Je suis persuadée que rien n'est permanent, dans les bons comme dans les mauvais moments : seul le changement en lui-même est constant, alors autant l'embrasser plutôt que de lutter contre. Aujourd'hui, je remercie ces épreuves-là, car je ne serais pas la même sans elles. À 14 ans, je me donne à fond dans mon sport de prédilection, le basket : c'était à la fois mon quotidien, mais c'est surtout mon futur. Je travaille dur pour ça, et les résultats sont là, jusqu'au jour où un accident sur le terrain me conduit à l'hôpital.. Pendant un an, je vais de médecin en médecin, d'inquiétudes en fausses affirmations. Un flou médical qui finit par se dissiper avec un nom : la maladie de Bouveret. Une malformation cardiaque à première vue sans réelle gravité, mais qui finira non seulement par condamner mes rêves de carrière sportive, mais aussi tout objectif qui tendrait à "prendre des risques" du point de vue des médecins.

À ce moment-là, j'ai deux choix : soit je pleure sur moi-même et me dis que tout ce qui m'arrive est la faute de cette maladie et du corps médical dont les annonces décourageantes s'accumulent les unes après les autres, soit je décide d'en faire une force et de transformer cette épreuve en quelque chose de positif. Certes, je ne peux pas choisir ce qui m'arrive, mais je peux choisir la façon dont je le vis et dont je réagis. Aujourd'hui, je suis extrêmement reconnaissante de cette épreuve car sans elle, je n'aurais probablement jamais réalisé mes rêves de l'époque en un temps aussi restreint, que soit celui de partir en sac à dos à l'autre bout de monde, prendre la direction d'une association humanitaire, ou encore de gravir la chaîne de l'Himalaya. En somme, je n'aurais probablement jamais pu découvrir la mission de vie que je me suis donnée par la suite, et qui explique mon rôle aujourd'hui.

K. : Qu'est-ce que la réussite selon toi ?

M. : Vaste question ! En ce qui me concerne, la réussite est en grande partie un état d'esprit. Une capacité à matérialiser de façon tangible un rêve, pour qu'il devienne un projet, puis une réalité avec un plan d'action, une timeline, et des objectifs bien identifiés. S'il y a une chance, même infime, que quelqu'un d'autre dans le monde puisse le faire, alors il y a de fortes chances pour que l'on puisse l'atteindre aussi (à condition de se

donner les moyens de réussir, même si cela implique des sacrifices). Réussir, c'est à la fois savoir garder ce cap, rester debout quand les vents sont contraires, tout en ayant l'humilité de savoir se remettre en question quand nécessaire, et donc de faire preuve d'adaptabilité.

K. : Quel message veux-tu faire passer ?

M. : Apprenez à croire en vous, quelles que soient les épreuves, et le reste suivra. Si mon témoignage peut aider (ne serait-ce qu'une personne) à réaliser sa mission, son rêve, son objectif, alors j'aurai rempli le mien en acceptant cet échange ensemble. On a souvent l'impression que la réussite est un bloc uniforme, que ceux qui réussissent sont différents et "réussissent tout ce qu'ils touchent", mais il n'en est rien. C'est un iceberg : il y a la partie immergée et émergée. On montre souvent les réussites, les succès, mais on n'aperçoit que rarement le réel travail qu'il y a derrière, et donc les échecs qui y sont liés... qui peuvent parfois être de beaux cadeaux, à condition qu'on les accepte ! C'est lié au leadership qui doit être la capacité à inspirer, à trouver une mission, à partager une vision, et à donner aux autres les moyens de la réussite. Un leader c'est aussi quelqu'un qui va mobiliser les bonnes personnes et transformer des intentions en action. Qui sait rassembler et fédérer autour d'une cause, d'une mission ou d'un projet qui ait du sens pour les autres.

K. : Quelles sont selon toi les principales qualités d'une leader ?

M. : Je vois 3 qualités importantes : la première, c'est de savoir incarner sa vision, le *"lead by example"*. Savoir transmettre le cap, le cadre, s'y tenir, et l'incarner à sa propre échelle. La seconde serait le *"servant leadership"* : s'assurer d'être au service de l'équipe pour l'aider à atteindre l'objectif fixé. Enfin, je dirais la capacité à fédérer autour de la vision. Savoir catalyser les énergies, faire émerger le meilleur de chacun, pour co-créer à partir des compétences de chacun. Je pense que l'une des grandes qualité d'un leader est de savoir s'entourer des bonnes personnes : riches de leur diversité, et fortes dans leur potentiel à faire primer l'intérêt collectif plutôt que leurs intérêts individuels, en faveur d'une vision commune.

K. : Culturellement, on a du mal à parler d'échec en France. Est-ce vrai pour toi aussi ?

M. : Il me semble que l'échec est en partie la clé de la réussite. Soit il paralyse, soit il catalyse…À chacun d'en décider. S'il nous est impossible de nous remettre en question, nous faisons le choix inconscient de nous paralyser nous-même : il sera alors plus difficile d'en retirer quoi que ce soit. A contrario, l'échec peut-être un catalyseur d'énergies, c'est le concept du *fail fast and succeed faster*. Plus nous échouons rapidement, plus vite on apprend : on pivote, on s'adapte et la réussite se matérialisera d'elle-même. Cela sous-entend bien évidemment l'acceptation de l'échec, de gérer la colère et la frustration qui en découlent, et transformer ce sentiment d'injustice en quelque chose de positif. Sans ça, l'échec peut nous détruire ou nous faire retourner cette colère contre nous même, ou pire : les autres. En ce sens, la phrase de Nelson Mandela est parfaite, lorsqu'il dit « je n'échoue pas ; soit je gagne, soit j'apprends ».

K. : Quelle est la chose dont tu es la plus fière dans ton parcours ?

M. : D'avoir appris à être *drivée* par mes ambitions, plutôt que par mes peurs. Autrement dit, d'avoir appris à orienter mes décisions en fonction de mes rêves, plutôt qu'en fonction de mes craintes, de ce qui m'était interdit, ce dont je n'étais a priori pas capable, ou encore de ce qui n'était pas acceptable parce que trop dur, trop difficile ou trop dangereux. C'est notamment ce qui me pousse, dans mon métier, à inciter les entreprises à faire évoluer leurs critères de performance, à challenger ce qui a toujours été accepté (mais pas juste pour autant), et à faire évoluer nos critères de performance vers les 3P « *profit, people and planet* » (plutôt que simplement le profit, qui est nécessaire, mais non exhaustif).

K. : As-tu une astuce ou un petit truc que tu fais pour te mettre en condition avant une échéance importante ?

M. : 2 à 5 minutes de cohérence cardiaque. Il s'agit d'un exercice initialement utilisé par les apnéistes avant de descendre en mer. Les effets bénéfiques sont nombreux : amélioration de notre focus, mobilisation plus rapide des connaissances, meilleure prise de décision, abaissement du rythme cardiaque, etc. En parallèle, et avant chaque rendez-vous, je me fixe les objectifs que je souhaite atteindre pendant l'échange. S'il n'y a pas de valeur à apporter ou à retirer, je demande précision, ou j'annule ma présence. En bonus, je recommande une vidéo inspirationnelle à regarder sans modération qui s'appelle "La puissance de l'intention", disponible sur YouTube. ■

Le livre
« Les 4 accords toltèques »
de Don Miguel Ruiz, qui est lié au professionnel mais aussi à la vie personnelle.

Chapitre

4.

L'ambition

L'anecdote de

Kristine

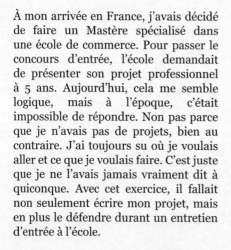

À mon arrivée en France, j'avais décidé de faire un Mastère spécialisé dans une école de commerce. Pour passer le concours d'entrée, l'école demandait de présenter son projet professionnel à 5 ans. Aujourd'hui, cela me semble logique, mais à l'époque, c'était impossible de répondre. Non pas parce que je n'avais pas de projets, bien au contraire. J'ai toujours su où je voulais aller et ce que je voulais faire. C'est juste que je ne l'avais jamais vraiment dit à quiconque. Avec cet exercice, il fallait non seulement écrire mon projet, mais en plus le défendre durant un entretien d'entrée à l'école.

En fait, parler de mes projets était difficile, car je trouvais la démarche trop intime et presque honteuse. J'avais peur de passer pour quelqu'un de trop ambitieux ou vaniteux, avec un excès de confiance en moi.

Six ans plus tard, j'ai changé de vie. J'ai donc revu mes objectifs, mes plans et même si cela allait dans le sens de mes projets professionnels, c'était bien la toute première fois que je m'étais assise pour créer un plan d'action avec une organisation stricte selon ce que je devais faire par mois, trimestre ou année. À l'époque, j'avais fait le choix de me mettre à mon compte durant 2 ans. L'argent était devenu un sujet clé et tout était calculé et planifié avec précision. Au final, j'ai aimé faire cet exercice et j'ai continué. Je mets désormais mon plan à jour au moins une fois par trimestre.

Finalement, la seule différence entre mon moi d'il y a 17 ans et mon moi actuel, c'est que je parle ouvertement de mes ambitions. Je ne raconte pas mon plan en entier à tout le monde, mais je ne me cache plus du fait que j'ai des ambitions, car cela montre ma détermination et mon envie d'arriver à un résultat parfait.

L'ambition désigne le désir ardent de posséder quelque chose et de parvenir à faire quelque chose. On parle aussi d'ambition pour montrer un désir de gloire, d'honneurs, de réussite sociale, ou la prétention de réussir quelque chose. Selon la société dans laquelle vous grandissez en tant que petite fille, l'ambition peut être encouragée ou découragée. Elle peut être assimilée à un courage façon « *Girl Power* » pour s'affranchir de tous les obstacles et triompher des défis, ou au contraire être un défaut dans une société aux normes imposées par le patriarcat.

Si c'est une qualité indispensable pour devenir une leader, l'ambition est avant tout une question de dosage. Bien équilibrée, l'ambition conduit à la créativité et à l'innovation, à des niveaux de performance plus élevés et à des niveaux plus profonds de joie et de satisfaction dans sa vie personnelle et professionnelle.

L'ambition commence par la compréhension des aspirations que vous avez pour vous-même. Quels sont vos objectifs ? Quel est votre projet de vie ? Où vous voyez-vous dans 5 ans ? Je ne suis pas là pour vous faire passer un entretien d'embauche, mais bien pour vous pousser à vous poser les bonnes questions. Savoir jusqu'où aller pour une aspiration donnée est la clé d'une ambition saine. Fixer des objectifs qui requièrent le bon niveau de difficulté et d'inconfort vous permet de vous pousser à aller au-delà de vos capacités actuelles. Si le défi est trop grand, vous risquez d'abandonner ou de vous décourager lorsque vous n'y parvenez pas. Si le défi n'est pas assez grand, vous risquez de vous ennuyer ou de ne jamais réaliser le plein potentiel de vos efforts. Là aussi, la question du dosage est importante.

Lorsque vous réfléchissez à vos objectifs, gardez à l'esprit que l'ambition est un peu comme l'argent : elle n'est pas foncièrement mauvaise, mais plutôt un moyen d'atteindre une fin. Et de la même manière qu'une dépense irresponsable peut mener à la ruine, une ambition mal canalisée, comme le fait de passer trop de temps au travail, peut avoir des conséquences désastreuses sur votre vie personnelle et votre santé.

Les personnes ambitieuses ont tendance à avoir beaucoup en commun en termes d'état d'esprit. Elles ont tendance à être indépendantes, adaptables et compétitives ; elles persévèrent dans l'adversité, renoncent aux conventions et agissent avec audace. Et par-dessus tout, elles sont motivées. Mais tous ces traits positifs ont aussi un côté sombre. Cette forte motivation qui pousse les gens à aller de l'avant peut aussi les amener à aller trop vite et à ignorer les sentiments des autres. L'ambition et l'empathie doivent aller de pair.

L'ambition n'est pas quelque chose qui est figé dans le temps. Il n'y a pas un montant d'ambition fixe. C'est pourquoi je vous recommande de la réévaluer en permanence. Votre ambition d'il y a 5 ans n'est pas la même que celle que vous avez aujourd'hui. Les choses changent, votre vie évolue et votre ambition doit aussi s'adapter. Une ambition n'est d'ailleurs pas forcément liée à l'argent et au pouvoir. On peut avoir l'ambition de changer le monde en faisant du bénévolat dans une association tous les week-ends. On peut avoir l'ambition d'aider ses voisins en leur rendant visite régulièrement et en les aidant du mieux que l'on peut. Parce que votre ambition est dictée par vos motivations, il est important de comprendre et de savoir ce qui vous fait avancer dans la vie. Pour y parvenir, vous pouvez vous fixer des objectifs SMART :

S comme Spécifique

Un objectif précis et formulé clairement. Par exemple, apprendre l'anglais.

M comme Mesurable

Un résultat pouvant être évalué et quantifié. Par exemple, obtenir un certain score à un test d'anglais comme le TOEFL ou le TOEIC.

A comme Acceptable

Ou atteignable : il doit maintenir votre motivation. Par exemple, être capable de se faire comprendre lors d'un prochain voyage à l'étranger ou lors d'un rendez-vous avec un client international.

R comme Réaliste

Poursuivre un projet utopique peut vous conduire à la perte de motivation, puis à l'abandon. Par exemple, ne visez pas le bilinguisme si vous n'avez aucune expérience en anglais.

T comme Temporellement défini

Il faut délimiter une date butoir précise et ne pas dire « le plus rapidement possible ». Par exemple, se donner un an pour être capable de tenir une conversation en anglais.

Se fixer des objectifs clairs impactera votre motivation, et donc, votre ambition.

Dans le monde professionnel, si les femmes et les hommes se croient tout aussi capables d'accéder à des postes de direction de haut niveau, les hommes désirent davantage ce pouvoir que les femmes, selon une étude parue dans la revue scientifique *Harvard Business Review*[4]. Après avoir interrogé un échantillon diversifié de plus de 4 000 hommes et femmes, une équipe de spécialistes en sciences sociales fait état de résultats qui peuvent faire grincer des dents. Ainsi par rapport aux hommes, les femmes ont plus d'objectifs de vie, mais sont axées sur le pouvoir. Les femmes perçoivent le pouvoir professionnel comme moins souhaitable que les hommes. Les femmes anticipent davantage de conséquences négatives liées à l'obtention d'un poste de pouvoir. Enfin, les femmes sont moins enclines que les hommes à saisir les opportunités d'avancement professionnel.

Une des auteures de l'étude explique que les femmes veulent être des salariées extraordinaires et d'excellentes leaders au travail. Mais elles veulent aussi travailler leur look et être bien habillées, s'assurer que les enfants ont tout ce dont ils ont besoin, gérer leur vie sociale, trouver le temps de faire du sport trois fois par semaine, etc. Même dans les ménages les plus progressistes et les plus équilibrés entre les genres, les femmes semblent en moyenne penser à une plus grande diversité d'activités.

Lorsque l'ambition se heurte à une charge mentale conséquente et à une répartition des tâches inégalitaires au sein du foyer, les choses peuvent alors être plus compliquées. Néanmoins, rien n'est perdu, car être une leader impose aussi de faire preuve de leadership dans son couple.

---

4. *Development of Self-Esteem From Age 4 to 94 Years: A Meta-Analysis of Longitudinal Studies*

Pour réussir à vivre son ambition avec sérénité, je vous recommande donc plusieurs conseils clés. Le premier, c'est de savoir se concentrer sur l'exécution de tâches simples et de savoir passer à l'action. C'est très bien de faire des recherches, de se préparer et de planifier, mais sans action, rien ne se passera vraiment comme vous l'imaginiez. Si vous continuez à reporter les choses au lendemain ou à attendre le bon moment, vous n'atteindrez jamais vos objectifs. Les femmes ambitieuses sont courageuses et sont prêtes à prendre des risques et à faire des erreurs, elles ne comptent pas sur les autres pour faire les choses à leur place. Elles se lèvent et le font elles-mêmes, car la capacité d'exécution est la principale priorité.

Les femmes ambitieuses ne voient pas les autres comme des concurrents, elles sont leur propre concurrent. Et chaque jour, elles s'efforcent d'être meilleures qu'elles ne l'étaient hier. Les femmes ambitieuses défendent la réussite des autres femmes tout en travaillant sur leurs propres objectifs. En vous concentrant toujours sur vous-même, vous n'aurez jamais à vous comparer aux autres. Chacun a son propre chemin à suivre et la femme ambitieuse le comprend, ce qui lui donne l'envie et la motivation de réussir.

Pour parfaire votre ambition, il est important d'avoir dans votre entourage des personnes tout aussi ambitieuses, qui vous pousseront comme elles le font elles-mêmes. Il y a beaucoup à apprendre des autres, où qu'elles en soient dans leur parcours. Les femmes ambitieuses savent ce qu'elles veulent et sont prêtes à se battre pour l'obtenir. Être entourée d'autres personnes ambitieuses, c'est comme être dans un environnement stimulant qui vous permettra de ne pas prendre de mauvaises habitudes. Et l'une des habitudes psychologiques les plus importantes en cas d'échec, est de se relever et de réessayer.

Rencontre avec

La vita è bella.

Proverbe et film

Au cours de sa carrière, Lucia Baldino a été impliquée dans le monde de la finance, de l'investissement et du commerce international au Canada comme à l'étranger. Elle est aujourd'hui dirigeante de la société de gestion d'actifs Optimum Gestion financière, filiale française de la société privée canadienne, Groupe financier Optimum.

Auparavant, elle a fondé le bureau européen du Mouvement Desjardins à Paris en 2012 (premier groupe financier coopératif au Canada). Pendant les 8 ans passés à la tête de ce bureau, Lucia a accompagné un nombre important de sociétés dans leur quête de financement au Canada et en France. Lucia a également occupé des postes au sein d'Investissement Québec, société d'État québécoise pour favoriser l'investissement des entreprises québécoises et internationales. Durant cette période, elle a acquis des projets d'une valeur de 55M$CAD en investissements étrangers en provenance de Chine, d'Inde, de France, d'Espagne et d'Italie, et a contribué à la création de plus de 300 opportunités d'emploi au Québec.

Lucia a un MBA en Gestion Internationale de l'Université d'Ottawa et elle est détentrice de la Médaille du Gouverneur du Canada. Elle est polyglotte et parle couramment l'anglais, le français, l'espagnol et l'italien. Elle est passionnée par la danse et les arts martiaux. Elle est impliquée dans plusieurs associations dont la Chambre de commerce France-Canada. Elle est aussi mariée et mère d'un enfant.

Kristine : Comment es-tu arrivée là où tu en es aujourd'hui ?

Lucia : Je pense que c'est l'alliance de la confiance en soi et d'une forme de persévérance qui a animé et guidé mon parcours personnel et professionnel. Dans la vie, il faut oser se différencier, se dépasser et renoncer à un certain confort pour progresser plus vite. C'est une aspiration qui demande du courage, mais qui permet, si on est bien entouré, de devenir une meilleure version de soi-même. Mon entourage m'a permis de me fortifier et de m'élever grâce

à l'apport de celles et ceux qui m'entourent et qui croient en moi. L'ambition part de nos racines. Elle grandit à travers nos différences et s'appuie sur nos valeurs.

K. : Qu'est-ce que la réussite selon toi ?

L. : Pour moi, la réussite c'est l'atteinte de mes objectifs. On réussit tous à des moments divers de notre vie. J'ai réussi à marcher. J'ai réussi mes études. J'ai réussi en amour. J'ai réussi à mettre au monde un enfant. J'ai réussi à avoir une certaine forme physique. J'ai réussi à trouver le bonheur. J'ai réussi à atteindre mon indépendance financière. Et j'aurai d'autres réussites dans l'avenir. Il est donc fondamental de définir des objectifs clairs et de se fixer un cap pour parvenir à réussir.

K. : Quel message veux-tu faire passer ?

L. : Il faut que les femmes apprennent à avoir confiance en elles. Ou, à défaut, d'identifier des gens qui ont confiance en elles et qui les aident à grandir.

K. : Qu'est-ce que le leadership selon toi ?

L. : Selon moi, le leadership est cette capacité à donner envie aux autres de s'impliquer et d'agir pour réaliser une ambition collective ou atteindre un objectif commun. Le leadership est aussi quelque chose que l'on reçoit et qui nous fait avancer dans la vie. Je ne pense pas d'ailleurs que le leadership au féminin soit fondamentalement différent de celui des hommes sur les grands principes. Je dirais plutôt que le leadership diffère d'une personne à une autre en raison de certaines soft-skills plus développées comme le charisme, l'intelligence émotionnelle, un altruisme fort et un management dit d'influence. Le plus important en matière de leadership est d'avoir la capacité de donner envie.

K. : Quelles sont selon toi les principales qualités d'une leader ?

L. : Il est nécessaire d'avoir une vision claire, de savoir la communiquer, d'être capable d'influencer, de motiver et de s'engager sur cette vision, d'avoir une bonne écoute, de s'adapter et de se réajuster lorsque c'est nécessaire.

K. : Avons-nous besoin d'ambition pour réussir ?

L. : Pas forcément, car la réussite vient parfois autrement que par l'ambition. Elle peut dépendre du contexte sociodémographique et culturel, de la chance, de rencontres, etc. Les enfants bien nés dans les beaux quartiers peuvent réussir sans ambition, ce qui n'est pas toujours le cas des populations précarisées. Pour certaines personnes, l'ambition peut alors devenir un moteur de réussite, en particulier si elle s'accompagne d'une grande empathie.

K. : De quoi es-tu la plus fière ?

L. : D'avoir le sentiment d'être utile. D'avoir contribué à quelque chose de plus grand que soi. C'est quelque chose que j'ai appris au fil de mes expériences, mais aussi de mes erreurs. Parfois, il est nécessaire de faire les choses bien, dans l'ordre, et de ralentir momentanément pour mieux avancer ensuite.

K. : Quel est ton truc pour retrouver de l'énergie et retrouver confiance en toi en cas de doute ?

L. : Mettre mes épaules vers l'arrière et me tenir droite ! ∎

Le livre qu'elle nous recommande

Le livre
« *The Path Made Clear* »
d'Oprah Winfrey.
J'aime particulièrement
quand elle dit que votre
véritable travail dans
la vie consiste à découvrir
le plus tôt possible ce que
c'est, et à commencer à
honorer votre vocation de
la meilleure façon possible.

Chapitre

5.

L'apparence

L'anecdote de

Kristine

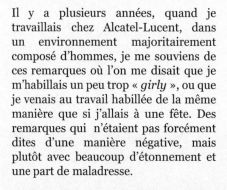

Il y a plusieurs années, quand je travaillais chez Alcatel-Lucent, dans un environnement majoritairement composé d'hommes, je me souviens de ces remarques où l'on me disait que je m'habillais un peu trop « *girly* », ou que je venais au travail habillée de la même manière que si j'allais à une fête. Des remarques qui n'étaient pas forcément dites d'une manière négative, mais plutôt avec beaucoup d'étonnement et une part de maladresse.

Pour moi, le fait d'être bien habillée a toujours été important. Cela signifie être habillée de manière chic et élégante, avec une touche féminine. J'adore les robes et les jupes. Je n'ai jamais eu plus de 2 jeans à la fois et n'ai jamais porté de jogging. En tant que femme, c'est plus simple d'être habillée comme on le veut, car nous avons beaucoup plus de choix que les hommes dans les couleurs et dans les formes. Alors, pourquoi ne pas en profiter ?

Quand j'étais en poste chez Alcatel-Lucent, je suis allée rendre visite à l'agence marketing avec laquelle nous travaillions. Un des directeurs de l'agence m'avait alors dit, avec beaucoup de bienveillance et de professionnalisme, que j'étais la seule femme dans le monde de l'informatique qui ose porter des jupes roses au bureau. Qu'il ne fallait pas changer et assumer sa féminité. C'était la première fois que j'entendais une remarque bienveillante sur le fait que je m'habillais de cette manière. J'ai suivi son conseil et je pense qu'en tant que femme, nous avons la chance d'avoir ce choix. Alors, à nous de choisir comment on veut apparaître aux yeux du monde.

Cela ne vous aura pas échappé, nous vivons dans le monde de l'apparence et d'une certaine forme de superficialité. Et dans ce monde, l'apparence - ou du moins la perception que nous en avons - peut tout changer. Lorsque nous rencontrons une personne pour la première fois, nous jugeons consciemment ou non la personne qui est en face de nous. En une seconde, notre cerveau la scanne et nous transmet de nombreuses informations selon la manière dont elle se tient, sa tenue, le fait qu'elle corresponde ou non à nos canons de beauté, etc. Notre cerveau analyse et compare des centaines de données, parfois à peine perceptibles, afin de savoir si, oui ou non, nous pensons que cette personne est dotée de leadership et de charisme.

Dans le livre « *Compelling People: The Hidden Qualities That Make Us Influential* », John Neffinger et Matthew Kohut démontrent justement de quelle manière nous percevons les gens et comment celle-ci est influencée par de nombreux signaux, avec une conclusion qui peut sembler étonnante : les personnes attirantes sont considérées comme plus convaincantes.

Si la beauté reste une notion très personnelle, les sciences sociales se sont penchées sur le sujet depuis longtemps, en particulier pour comprendre et décrypter les mécanismes d'influence dans la sphère managériale. Pour faire simple, la manière dont vous vous tenez, dont vous êtes habillée, dont vous vous exprimez influence grandement vos interlocuteurs.

En soi, la démarche est logique. Que voyez-vous lorsque vous vous regardez dans le miroir ? Quelqu'un qui a de l'énergie à revendre ? Qui est positif et souriant ? Quelqu'un que l'on aimerait aborder dans la rue ? Capable de relever tous les défis ? Ou à l'inverse une femme qui a les épaules tombantes, le teint terne et le sourire figé ?

Il y a un lien entre votre leadership et la manière dont vous vous sentez, dont vous vous percevez et dont vous êtes habillée. Il n'y a pas de solution universelle. Pour certaines femmes, des chaussures à talon ou une jolie robe leur donneront un sentiment de puissance et de confiance. Pour d'autres, il peut s'agir d'une nouvelle coiffure ou d'une manucure. Plus vous vous sentirez bien dans votre peau, plus vous aurez confiance en vous.

Repassez à travers votre garde-robe, allez chez le coiffeur, soignez votre peau, tenez-vous droit et redressez la tête.

Soyez magnifique ! Dégagez une aura positive et surprenez votre entourage !

Deborah Rhode, a découvert, dans le cadre de recherches menées pour son livre « *The Beauty Bias: The Injustice of Appearance in Life and Law* », que les étudiants séduisants sont considérés comme plus intelligents, que les enseignants séduisants obtiennent de meilleures critiques, que les travailleurs séduisants gagnent plus d'argent et que les politiciens séduisants obtiennent plus de votes. Les chercheurs ont même constaté que lorsque des personnes séduisantes demandent à des inconnus de leur rendre service, ceux-ci sont plus susceptibles d'accéder à leur requête.

Et l'inverse est aussi vrai : les personnes peu attrayantes ont moins de chances d'être embauchées et promues, et sont supposées avoir moins de traits de caractère désirables, tels que la bonté, la gentillesse et l'honnêteté. Les trois quarts des femmes considèrent que l'apparence est importante pour l'image qu'elles ont d'elles-mêmes, et plus d'un tiers la classent comme le facteur le plus important. Si l'apparence peut être une source importante de plaisir, son prix peut aussi être excessif, non seulement en temps et en argent, mais aussi en termes de santé physique et psychologique. En effet, de nombreuses femmes sont victimes de stigmatisation, de discrimination et de problèmes connexes, comme les troubles de l'alimentation, la dépression, les régimes à risque, etc. Les femmes supportent une part largement disproportionnée de ces coûts, en partie parce qu'elles sont soumises à des normes plus strictes que les hommes et qu'elles sont davantage pénalisées en cas de manquement. Une vraie injustice qui perdure encore aujourd'hui avec un constat que je n'ai eu de cesse de rencontrer au cours de ma carrière : **les femmes devront toujours faire beaucoup plus d'efforts que les hommes envers qui les attentes sont moins élevées, et les erreurs plus facilement oubliées.**

Alors que les combats des droits des femmes ont progressé au cours des 50 dernières années et que de nombreuses batailles ont été gagnées, la question de l'apparence est toujours liée à une augmentation des représentations préjudiciables de la beauté féminine. Une forme de mythe et une injonction sociale que les femmes doivent tout faire pour rechercher, atteindre et conserver. Le mythe de la beauté est alimenté par la publicité et les services et produits de beauté. Un monde où la compréhension visuelle du pouvoir a toujours été codée par les hommes, alors qu'il existe un lien clair entre beauté et apparence d'un côté, et compétences et pouvoir de l'autre. D'un côté, on peut considérer que les normes actuelles de beauté sont un moyen politique de contrôler les femmes et de maintenir une forme de pouvoir du patriarcat. De l'autre, on peut aussi penser que dans une société contrôlée par l'importance du visuel et des réseaux sociaux, l'apparence est un dictat qu'il est difficile d'éviter, mais qui peut, s'il est bien dosé, apporter une forme de réconfort.

Le leadership repose sur des capacités humaines. On ne parle pas de physique fondamentale. On parle de perceptions, de sentiments, d'envies, etc. Autant de critères qui évoluent avec le temps, avec les mentalités, mais aussi avec la géographie. L'apparence d'une leader dans les années 80 en France n'a rien à voir avec celle d'une leader en 2020 aux États-Unis par exemple. D'ailleurs, pouvez-vous décrire une femme leader typique ? À quoi ressemble-elle? A-t-elle une apparence particulière ? Dans quelle mesure ressemble-elle à un dirigeant masculin que vous connaissez ? Quels sont les stéréotypes associés au leadership au féminin selon vous ?

La question de l'apparence reviendra probablement, mais il faut bien savoir que celle-ci a un effet très immédiat en matière de leadership, qui s'estompe dès lors que le cerveau de vos interlocuteurs commence à rationaliser les autres signaux que vous émettez. En d'autres termes, un beau visage ne compensera pas l'incompétence, même s'il contribue au développement d'une perception positive.

Une étude de Coqual[5], un *think tank* qui lutte contre les préjugés et travaille sur les populations sous-représentées en entreprise souligne que l'apparence compte en matière de leadership, en grande partie comme un filtre à travers lequel vos compétences en communication et votre sérieux deviennent plus visibles. Si seulement 5 % des dirigeants considèrent que l'apparence est un facteur clé de leadership et de charisme en entreprise, tous reconnaissent qu'elle peut freiner ou faire dérailler les jeunes talents. Les principales erreurs en matière d'apparence sont, sans surprise, une tenue vestimentaire négligée, un manque d'originalité et un manque de confiance en soi, mais aussi des vêtements trop serrés ou provocants.

Quand on parle d'apparence, on pense souvent aux vêtements, aux chaussures, à la coiffure ou au maquillage. Mais l'apparence est aussi liée à la manière dont vous vous tenez.

---

5. *« Executive Presence »* ; *Sylvia Ann Hewlett, Lauren Leader-Chivée, Laura Sherbin, and Joanne Gordon with Fabiola Dieudonné*

Popularisée par Amy Cuddy dans un *TED talk* devenu célèbre[6], la pose de pouvoir (ou « Power Pose ») est liée à l'idée que la façon dont nous utilisons notre langage corporel peut modifier nos sentiments.

Cela fait partie d'une théorie dont les recherches sont issues des domaines de la psychologie et des neurosciences. Le langage corporel n'est pas le seul à pouvoir influer sur nos sentiments ; la façon dont nous utilisons notre voix et notre expression faciale est également importante.

L'exemple d'Elizabeth Holmes est, à ce titre, très intéressant. Au sommet de sa gloire, son visage était partout : devant des foules lors des conférences TED, sur les couvertures de magazines et dans des interviews à la télévision. Elizabeth Holmes est une jeune femme connue pour avoir fondé et dirigé l'entreprise américaine Theranos, une société spécialisée dans les services médicaux qui voulait révolutionner les examens sanguins. En 2014, elle fait la une de *Forbes, Business Week* et de *Fortune* et est régulièrement comparée à Steve Jobs, le fondateur d'Apple. Elle est présentée comme une prodige notamment par l'ancien président Bill Clinton et comme une visionnaire par le vice-président Joe Biden. Pourtant, un an plus tard, c'est le début de la fin. Un article du *Wall Street Journal* affirme que Theranos a probablement exagéré la qualité et la fiabilité de sa technologie. En 2022, elle a été reconnue coupable de fraudes sur les preuves des technologies mises en œuvre par cette entreprise et sur les résultats financiers de la société. Une descente aux enfers aussi rapide qu'a été son ascension fulgurante.

Pour se donner une stature, un ton et un style, Elizabeth Holmes a particulièrement travaillé son apparence. Ses grands yeux bleus ne cillaient presque pas lorsqu'elle parlait à quelqu'un et son contact visuel constant était intentionnel et calculé. C'est l'un des moyens les plus subtils qu'elle utilisait pour tromper tout le monde autour d'elle et les amener à croire à ses mensonges. Elle a aussi travaillé son look vestimentaire, avec ses tenues noires strictes et simples, ainsi que sa voix si particulière pour lui donner un ton grave et sobre. Une démarche qui n'est d'ailleurs pas nouvelle, car l'ancienne Première ministre britannique Margaret Thatcher, surnommée la Dame de fer, avait déjà baissé le ton de sa voix pour renforcer sa stature. Les recherches[7] sur la perception de la hauteur de la voix des femmes montrent

---

6. *« Your body language may shape who you are »* ; Amy Cuddy • *TEDGlobal 2012*
7. *« How Voice Pitch Influences Our Choice of Leaders »* ; *American Scientist*

d'ailleurs que les voix aiguës sont associées à l'attrait physique, tandis que les voix graves sont associées à la domination.

Chacun peut donc trouver sa « *power pose* » selon le contexte et le moment. La plupart des gens l'associent aux bras et aux jambes tendus vers l'extérieur ou avec les mains sur les hanches, mais cela peut être une autre pose. Ce qui compte, c'est d'occuper l'espace et de redresser la tête pour témoigner un signe de puissance et de confiance. S'il y a toujours eu une certaine controverse autour de l'efficacité scientifique de la « *power pose* », le fait de se lancer, de rentrer dans la peau d'une femme conquérante et positive pendant quelques secondes peut être très utile. C'est d'ailleurs quelque chose que je pratique avant d'entrer en scène lorsque je dois prendre la parole en public. C'est une vraie bouffée d'énergie et d'adrénaline au moment de se lancer.

Rencontre avec

People will forget what you said, people will forget what you did, but people will never forget how you made them feel.

Les gens oublieront ce que vous avez dit, les gens oublieront ce que vous avez fait, mais les gens n'oublieront jamais ce que vous leur avez fait ressentir.

Maya Angelou

Spécialisée exclusivement en portrait professionnel, Alice fait partie des photographes français très prometteurs en Europe. Après avoir été repérée par l'icône internationale de la photographie de portrait Sue Bryce (dont elle est maintenant l'une des deux photographes associés), Alice fonde le studio de portraits haut de gamme Portrait Madame, qui chapeaute également la marque Portrait Executive.

Entre New York et Paris, elle est désormais commissionnée par une clientèle internationale en recherche d'un style de portraits sobres, rempli de force naturelle et d'élégance. Son énergie simple et très chaleureuse ne passe pas inaperçue non plus.

Kristine : Pourquoi est-ce que c'est important de parler de l'apparence ?

Alice : En tant qu'être humain, nous nous faisons un avis sur une personne en quelques secondes. C'est très instinctif et tout se joue sur l'apparence. J'adorerais vivre dans un monde où l'apparence n'a aucune importance, mais ce n'est pas le cas. Lorsque je prépare une séance photo avec une cliente, je prends le temps de réfléchir sur les couleurs qu'elle porte, par exemple, car cela fait partie du storytelling. Ça raconte quelque chose. Tous les matins, on prend des décisions sur la manière dont on s'habille, selon ses impératifs et son calendrier. On ne s'habille pas de la même manière pour une réunion interne, une rencontre avec un client ou pour aller pitcher un projet important. Ma première question quand je travaille avec mes clientes est de savoir quel message elles veulent faire passer.

K. : Est-ce qu'il y a d'autres techniques à connaître en matière d'apparence ?

A. : Quand je travaille sur une photo, je fais en sorte qu'on voit les mains. C'est quelque chose qui rassure. Ça montre qu'on est capable de prendre des choses en main, d'avancer et de gérer des projets. C'est une forme de *power pose* tout comme peut l'être la position des bras croisés. Certains diront que ça envoie un signal de fermeture ou de manque de confiance. Mais selon le contexte, c'est aussi une pose qui est solide et qui donne de l'assise. Il faut aussi jongler entre les pauses prétendument masculines avec les genoux ouverts et les coudes larges, et la volonté des femmes d'affiner leur silhouette par exemple. C'est un peu comme dans la vie, quand on prend de la place, quand on ose mettre les coudes sur la table, quand on parle à quelqu'un avec le dos droit et les épaules ouvertes... tous ces micro signaux sont envoyés en permanence, et décodés inconsciemment par nos interlocuteurs. Et ils parlent aussi à travers une photo qui restera dans le temps.

K. : Est-ce que tu as des demandes fréquentes quand tu fais des portraits ?

A. : Oui, la question de la finesse est constante. Toutes les femmes me demandent de paraître plus fine sur une photo. C'est vraiment notre héritage avec le besoin des femmes de plaire et d'être choisi par la gente masculine. Une sorte de domination qui est en train de changer, mais qui reste profondément ancrée dans l'esprit des femmes en pensant que si elles rentrent le ventre et qu'elles arrêtent de respirer, elles seront plus belles !

K. : Comment travailles-tu avec tes clientes et clients ?

A. : Je photographie 90% de femmes et 10% d'hommes. Le profil typique est une femme de 30 à 40 ans, qui a des enfants, et qui n'a pas vraiment envie de se mettre devant la caméra. Toutefois, c'est à cet âge que leur carrière décolle avec une promotion ou un changement important, et elles ont besoin de se mettre en valeur. Je leur dis toujours qu'il n'y a aucune attente, aucun jugement, et qu'on est toutes ensemble pour un but commun. Ce qui me plaît le plus, ce n'est pas forcément de faire de belles photos, mais c'est de voir des femmes qui se sentent un peu stressées et intimidées et qui parviennent à exprimer leur personnalité dans un espace sans jugement et en

toute confiance. Quelque part, je contribue à les aider à les révéler à elles-mêmes. Une belle photo est aussi un levier de confiance en soi, car l'apparence c'est bien pour les autres, mais c'est aussi et surtout important pour soi. Parfois, lorsque certaines femmes se sentent mal, fatiguées ou dévalorisées, elles regardent leurs photos, et cela leur donne un boost d'énergie et de confiance. C'est mon humble contribution indirecte au leadership des femmes !

K. : Comment prépares-tu une séance photo ?

A. : En général, on organise un point téléphonique en amont de la séance pour comprendre ce que la cliente souhaite faire passer comme message et dans quel contexte elle a besoin de photos. Il y a une forte diversité de profils. Sur la même journée, je peux travailler avec une femme qui vient de lancer sa boîte et qui veut paraître dynamique, fraiche et moderne, puis avec une femme qui vient d'intégrer un comité de direction dans un milieu hyper masculin et qui me dit qu'elle doit être forte, avec du caractère, voire intimidante. Ce premier contact permet de tisser un lien de confiance qui me permet de poser beaucoup de questions et d'identifier les éventuels points de blocage ou de stress avec une communication sincère et transparente. Je leur pose toujours trois séquences de questions. La première est de savoir pourquoi elles me contactent, ce qu'elles font et dans quel domaine travaillent-elles. La deuxième, c'est pour comprendre ce qu'elles veulent que les gens pensent d'elles lorsqu'ils verront les photos. Comment elles veulent être perçues. Et la troisième, c'est de savoir de quelle manière elles ne souhaitent pas être perçues. Qu'est-ce qu'elles ne veulent pas que les gens se disent en voyant les photos. C'est vraiment là où elles s'ouvrent davantage en me disant qu'elles ne veulent pas faire trop jeunes, trop vieilles, trop inexpérimentées, etc... Je vois alors tous les doutes ressurgir en quelques secondes. ■

Le livre qu'elle nous recommande

C'est un livre qui s'appelle « **Man's search of meaning** » de Viktor Frankl. Ou celui-ci : « **l'Art de se gacher la vie** » de Marie Andersern.

PARTIE

Chapitre 6 : Apprendre et se former en continu

Chapitre 7 : Trouver sa place dans le monde du business

Chapitre 8 : Développer son intelligence émotionnelle et ses *soft-skills*

Chapitre 9 : Équilibrer ses vies personnelle et professionnelle

Chapitre 10 : Développer sa curiosité intellectuelle

MISEZ SUR
VOS
COMPÉTENCES

"

Nous devons accepter que nous ne prendrons pas toujours les bonnes décisions, que nous nous planterons royalement parfois - en comprenant que l'échec n'est pas l'opposé du succès, il en fait partie.

Arianna Huffington, Éditorialiste, Cofondatrice du *Huffington Post*

Le leadership
repose sur
un état d'esprit
et sur des
compétences

qui peuvent dépendre du rôle spécifique et des besoins de l'organisation pour laquelle vous travaillez, et plus globalement de votre mode de vie et de vos besoins au quotidien. Toutefois, certaines sont plus importantes que d'autres.

C'est notamment le cas de :

- **La communication :** en tant que leader, vous devez être capables de communiquer efficacement, de transmettre clairement des informations, d'écouter les autres et de fournir un feedback utile.
- **La prise de décision :** les leaders sont souvent confrontés à des décisions difficiles et doivent être capables de peser le pour et le contre des différentes options et de choisir le meilleur plan d'action.
- **La résolution de problèmes :** vous êtes confrontée à des problèmes complexes et devez être capable d'en identifier les causes profondes et de développer des solutions créatives.
- **L'intelligence émotionnelle** pour avoir conscience de vous-mêmes et être capable de gérer vos propres émotions, ainsi que de reconnaître et de comprendre les émotions des autres.
- **La capacité d'adaptation** pour vous adapter à des circonstances changeantes et être ouverts à de nouvelles idées et approches.
- **L'intégrité** pour être digne de confiance et avoir des valeurs fortes afin d'être considérée comme un modèle.
- **La collaboration** pour être capable de travailler efficacement avec les autres, y compris les membres de vos équipes, vos pairs et toutes les parties prenantes au sein de votre organisation.

Pour exceller dans l'obtention de nouvelles compétences, il est essentiel d'apprendre à apprendre, de gérer son intelligence émotionnelle, de trouver un bon équilibre personnel et de cultiver une forme de curiosité intellectuelle constante.

Chapitre

6.

Apprendre et se former en continu

L'anecdote de

Kristine

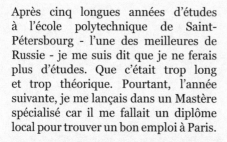

Après cinq longues années d'études à l'école polytechnique de Saint-Pétersbourg - l'une des meilleures de Russie - je me suis dit que je ne ferais plus d'études. Que c'était trop long et trop théorique. Pourtant, l'année suivante, je me lançais dans un Mastère spécialisé car il me fallait un diplôme local pour trouver un bon emploi à Paris.

J'ai aimé cette année, même si - en toute honnêteté - je ne suis pas certaine d'avoir beaucoup appris sur le plan académique. En revanche, c'était indispensable pour comprendre la culture du pays, développer mon réseau et acquérir de l'expérience en France. En parallèle, j'ai découvert iTunes U. Ce système d'Apple qui permettait d'accéder à de nombreux cours gratuitement des plus grandes universités dans le monde. Un changement majeur où la formation

devenait accessible gratuitement.

Dans mon esprit, pour accéder à une éducation de qualité, il était nécessaire d'avoir soit de l'argent, soit une motivation sans failles et des bourses et aides financières. Avec ce nouveau modèle, les compétences peuvent s'acquérir avec l'autoformation pour un prix quasi nul. Dès lors, je n'ai jamais étanché ma soif d'éducation, que ce soit avec des applications comme LinkedIn Learning, des plateformes comme Audible ou Coursera, et des abonnements à des revues spécialisées comme Harvard Business Review.

J'ai réalisé que j'aimais apprendre et qu'avec le temps, il est devenu facile d'apprendre au quotidien, que ce soit à la maison, dans les transports ou en faisant mon jogging.

Qu'est-ce qui fait un bon leader ?

Cette question, ce n'est pas la première fois que je vous la pose et je continuerai tout au long du livre, car c'est une question clé. Ce que vous pensiez en ouvrant ce livre peut ainsi évoluer en cours de lecture ou selon vos réflexions personnelles. Alors, reprenons depuis le début. Est-ce qu'un bon leader est une personne dotée d'un charisme évident ? D'une volonté de fer ? D'une personnalité inspirante ? Oui, sans doute. Mais comment y parvient-on ? Est-ce possible d'apprendre à devenir un leader ?

La bonne nouvelle est que tout le monde peut devenir un leader.

Mais un leadership d'exception exige des efforts constants et un apprentissage répété. En fait, l'apprentissage, les défis et les échecs en cours de route sont à la base même d'un bon leadership. Vous avez probablement connu quelqu'un que l'on qualifiait de leader né, et cette appellation vous a peut-être donné l'impression que tout leader qui réussit doit avoir un don inhérent. C'est faux, c'est un mythe, et c'est un schéma mental qu'il faut déconstruire.

Tout le monde a le potentiel pour devenir un leader. Vous devez comprendre que cette capacité est déjà en vous et qu'elle peut être plus ou moins développée. Il y a de fortes chances que vous ayez surmonté des défis importants dans votre vie, et vous pouvez utiliser ces événements passés comme des moyens de motiver et de guider les autres. Avant de vous lancer dans un nouveau projet ou de commencer votre journée, arrêtez-vous et posez-vous quatre questions : Qui suis-je ? Qu'est-ce que je fais ? Comment puis-je faire la différence ? Que vais-je faire aujourd'hui qui soit vraiment important ?

Notez vos réponses à ces questions et emportez-les avec vous. Le fait de les écrire permet de graver dans le marbre une forme de motivation. Vous avez fixé vos objectifs et il faut les tenir. Vous pourrez toujours vous y référer si les choses deviennent trop difficiles. Il s'agit d'un moyen simple et efficace de rester motivée, d'atteindre vos objectifs et de prendre confiance en vous en tant que leader.

Au-delà de la motivation, un leader est aussi une personne qui se remet constamment en question, et qui est capable de se projeter dans le futur. Pour cela, l'une des meilleures compétences que vous puissiez avoir est la volonté d'apprendre. Ou plutôt d'apprendre à apprendre. En effet, si l'école vous pousse à ingurgiter d'énormes quantités de connaissances, une fois dans la vie professionnelle, il est parfois normal de se laisser porter par son quotidien. Or, votre cerveau est comme un muscle. Si vous ne l'entretenez pas, il risque de s'atrophier. Ce n'est donc pas parce que vous avez terminé vos études que vous ne devez plus apprendre. Bien au contraire !

Les organisations d'aujourd'hui sont en constante évolution. Les industries se consolident, de nouveaux modèles commerciaux apparaissent, de nouvelles technologies sont développées et les comportements des consommateurs évoluent. Pour les professionnels, le rythme toujours plus rapide du changement peut être particulièrement exigeant. Et ne croyez pas que cela ne concerne que les cadres ou les professions intellectuelles.

Dans un monde qui change, il faut aussi savoir changer. Un plombier peut s'inscrire sur une plateforme d'intermédiation pour trouver de nouveaux clients. Un agriculteur peut connecter ses cultures pour faire de la technologie un atout dans ses méthodes de travail. Une infirmière doit mettre à jour ses connaissances selon les nouvelles normes du moment. Un entraîneur sportif doit se familiariser avec de nouvelles techniques et recherches.

Décider de se laisser flotter et de faire les choses telles qu'elles ont toujours été peut être votre choix. Mais sachez que la capacité d'apprendre plus vite que les autres est peut-être le seul avantage concurrentiel durable. Si apprendre à apprendre est important, c'est que tout ce que vous savez aujourd'hui risque d'être dépassé, voire inutile pour bien faire votre travail dans 5 ans.
L'intelligence artificielle a déjà transformé de nombreux secteurs et en transformera d'autres au cours des prochaines années. Beaucoup de tâches peuvent être à présent automatisées, les outils se développent, on voit déjà certains métiers se développer très vite et d'autres décliner ou se transformer et dans le pire des cas, disparaître... En effet, le monde du travail change très vite. Trop me direz-vous ? Peut-être avez-vous raison, mais ni vous ni moi ne pouvons y faire grand-chose. Il faut donc s'accrocher au train en marche et ne pas rester sur le quai.

Une étude[8] de l'entreprise Dell et du *think tank* « l'Institut du Futur » annonçait que 85% des emplois de 2030 n'existent pas encore. Dans une société en perpétuelle évolution, il va vous falloir apprendre à garder un esprit agile, savoir vous remettre en question et développer votre curiosité pour monter en compétences. Selon le Rapport[9] sur l'avenir de l'emploi du Forum Économique Mondial, 50 % de tous les employés auront besoin d'une requalification d'ici 2025, à mesure que l'adoption des technologies augmentera.

Vous imaginez ? La moitié des salariés devront se lancer ou se relancer dans l'acquisition de nouvelles compétences. C'est important, mais aussi perturbant, car cela vient remettre en question de nombreux schémas de pensée. Si vous savez apprendre à apprendre, tant mieux. Sinon, le défi risque d'être corsé.

Tous les grands leaders sont constamment à la recherche de nouvelles connaissances. Pour développer votre capacité de leadership, vous devez savoir observer le présent pour préparer l'avenir.

Un exercice pour rester préparé consiste à imaginer ce que sera le monde dans dix ans. Si vous voulez rester un leader efficace, quelle taille devra avoir votre équipe et de quels outils aura-t-elle besoin ? Aura-t-elle besoin de plus de diversité et de meilleurs outils ? Et quelles compétences devrez-vous acquérir pour continuer à les guider ?

Dès aujourd'hui, vous pouvez vous lancer : lisez des articles dans la presse, des blogs spécialisés, visionnez des vidéos sur YouTube, posez des questions à vos pairs, lisez des livres, participez à des webinaires, écoutez des podcasts, suivez des cours en ligne... les possibilités sont quasiment infinies.

Apprendre, c'est une chose, mais par où commencer ?

La bonne nouvelle, c'est qu'avec le numérique, vous n'avez aucune limite et tout est à votre disposition si tant est que vous soyez organisée et motivée pour y parvenir.

---

8. *« Emerging technologies' impact on society & work in 2030 » ; Dell Technologies*
9. *« Voici les dix principales compétences professionnelles de demain - et le temps qu'il faut pour les acquérir » ; Forum Économique Mondial*

Numéro 1 : apprendre des choses utiles en lien avec votre activité actuelle

C'est important pour vous spécialiser dans un domaine ou acquérir des compétences de management d'équipes ou de gestion de projets par exemple. Si un sujet connexe à votre métier vous intéresse, c'est aussi l'occasion d'en savoir plus. Par exemple, une commerciale qui souhaite se former au marketing, une assistante RH qui voudrait se spécialiser dans le contrôle de gestion, ou une responsable d'atelier qui voudrait travailler dans la logistique. Ce qui compte, c'est de rester actif et de ne pas attendre que votre entreprise fasse le premier pas.

Numéro 2 : apprendre des choses utiles pour votre projet de vie

Ce sont des sujets en lien avec votre mission professionnelle ou personnelle qui ne sont pas totalement connectés à votre métier actuel. Le meilleur exemple est celui du lancement d'une activité connexe en auto-entrepreneuriat par exemple. À moins que vous ayez pour objectif de vous lancer à temps plein dans une nouvelle activité, ou d'envisager une reconversion professionnelle. Dans tous les cas, il y a toujours une courbe d'apprentissage à appréhender le plus tôt possible.

Numéro 3 : apprendre des choses qui vous font plaisir ou qui sont utiles pour votre quotidien

Pourquoi l'apprentissage devrait être quelque chose de pratique avec une finalité uniquement professionnelle ? Vous avez aussi le droit d'apprendre des choses qui vous font plaisir. Et pourquoi pas, allier les deux ! Ici, vous pouvez perfectionner une compétence existante ou acquise il y a longtemps, ou apprendre quelque chose de nouveau. Design, décoration d'intérieur, tricot, échecs, yoga, langue étrangère... les possibilités sont infinies et ne dépendent que de vous ! C'est aussi un bon moyen d'améliorer votre quotidien pour gagner du temps et être plus efficace. Là aussi, il existe des marges de progression chez tout le monde. De la gestion du budget à l'optimisation de son temps, en passant par de bonnes pratiques pour gérer son foyer ou mieux communiquer avec son conjoint ou ses enfants si vous en avez, les possibilités d'amélioration sont nombreuses.

Dans son livre « *Unlearn* », Barry O'Reilly parle d'un cycle de désapprentissage pour mieux apprendre. C'est un cycle qui vous aide à vous défaire des connaissances qui ne vous servent plus, même si elles vous ont apporté le succès dans le passé. Cela ne signifie pas qu'il faille rejeter la sagesse que vous avez acquise au cours de vos expériences précédentes. Il s'agit de reconnaître ce qui est dépassé et de rechercher des idées et des stratégies nouvelles.

Le « désapprentissage » demande du courage, car vous devez vous aventurer dans votre zone d'inconfort en testant de nouvelles stratégies. Cela peut sembler risqué, mais c'est essentiel si vous voulez continuer à réussir, car nous vivons à une époque de changements rapides. Le savoir n'est plus quelque chose qui peut être transmis de génération en génération, comme ce fut le cas pendant des siècles. Désormais, les connaissances ont une date d'expiration courte et vous devez apprendre à les rafraîchir lorsque cela est nécessaire. Votre ego joue également un rôle dans votre capacité à désapprendre. Vous croyez que les informations que vous connaissez déjà sont vraies, ce qui vous rend moins ouverts à d'autres possibilités. Il faut beaucoup d'humilité pour accepter que notre solution n'est peut-être pas la meilleure. Cette humilité fera d'ailleurs de vous une meilleure leader.

Pour apprendre en continu, il est important de pouvoir se dégager du temps, et je sais bien que c'est quelque chose qui n'est pas toujours simple, en particulier si vous avez de jeunes enfants. Pourtant, quelques minutes par jour peuvent suffire. Ce qui compte, c'est d'inscrire une activité d'apprentissage par jour dans votre routine quotidienne. Cela peut être aussi simple que d'écouter un podcast ou un livre audio dans les transports ou dans votre voiture pour aller travailler.

La méthode Pomodoro

Une technique efficace pour créer cette routine réside dans la méthode Pomodoro. Dans les années 1980, Francesco Cirillo, un étudiant italien, a tenté de s'attaquer à sa propre tendance à se laisser distraire. Pour ce faire, il a divisé son temps d'apprentissage en tranches de 25 minutes de concentration intense, séparées par des pauses de cinq minutes. Il a utilisé un minuteur de cuisine en forme de tomate pour se chronométrer, et a appelé chaque créneau un « *Pomodoro* », le mot italien pour tomate. Le principe est le suivant : retirez de votre espace de travail tout ce qui pourrait vous distraire. Cela inclut le désordre inutile et les onglets ouverts dans votre navigateur, sans oublier de désactiver les notifications sur tous vos appareils.

Ensuite, réglez un minuteur sur 25 minutes et travaillez avec autant de concentration que possible. Les urgences réelles mises à part, tout le reste peut attendre que vous ayez terminé. Si vous terminez votre tâche en avance, utilisez le temps restant pour vérifier votre travail.

Lorsque le minuteur sonne, détendez-vous pendant cinq minutes, mais évitez le téléphone, Internet et la lecture, car ils ne permettent pas à votre cerveau de se recharger complètement. Préparez plutôt une tasse de thé ou allez vous promener. Cette courte pause mentale donne à votre cerveau le temps de transférer la matière que vous venez d'étudier dans votre mémoire à long terme.

Pourquoi la technique Pomodoro est-elle si efficace ? Elle vous empêche de faire plusieurs choses à la fois, ce qui nuit à la concentration. Dans le livre « *Learn like a pro* », les auteurs révèlent qu'une étude de l'Université du Michigan a montré que les participants qui passaient à une deuxième activité avant d'avoir terminé la première présentaient une baisse de 30 à 40 % de leurs performances cognitives. Aujourd'hui, seuls 2,5 % des gens peuvent réussir à faire la transition entre plusieurs tâches complexes. Pour tous les autres, il existe la technique Pomodoro.

Rencontre avec

Magali Bonavia

" **Impose ta chance, serre ton bonheur et va vers ton risque. A te regarder, ils s'habitueront.**

René Char

Magali BONAVIA est directrice de deux établissements supérieurs privés, l'Institut européen de journalisme de Paris et Supdeprod. Elle a fait sa carrière dans l'éducation professionnelle.
Elle est également Directrice générale adjointe du groupe MediaSchool et référente handicap pour les écoles qu'elle dirige car il est important pour elle d'accompagner tous les talents dans la réussite.

Kristine : Comment es-tu arrivée là où tu en es aujourd'hui ?

Magali : Je pense que c'est une question d'audace et de confiance en soi. Ce sont des qualités qui ont toutefois mis du temps à se développer chez moi. Jusqu'à l'âge de 30 ans, je manquais encore cruellement de confiance en moi, puis les choses se sont décantées. Le moment où l'opportunité de prendre ce poste est arrivée, c'est comme si une petite voix s'était adressée à moi et m'avait soufflée que c'était maintenant et qu'il ne fallait plus douter. Évidemment, il a fallu que je fasse mes preuves, mais ce premier contact c'est moi qui en ai été l'instigatrice et actrice de bout en bout.

K. : Pourquoi un tel changement de vie ?

M. : Je n'ai pas vraiment eu l'impression de changer de vie même si c'est le cas. J'étais dans le milieu de la culture, de la conservation du patrimoine mais j'ai toujours été journaliste dans l'âme, notamment en tant que bénévole

au journal France-Arménie. J'ai commencé ce bénévolat à 19 ans, et ça a été mes premières amours avec le journalisme sur une thématique qui me tenait à cœur, car ma maman est d'origine arménienne. Ce qui m'a attiré c'est d'abord le journalisme, puis l'éducation dans le journalisme. Finalement, j'ai davantage surfé sur cette curiosité, cette envie et cette passion pour le journalisme, plutôt que de changer de vie totalement.

K. : Qu'est-ce que la réussite selon toi ?

M. : Ce n'est ni un titre ni un salaire. C'est vraiment d'être en accord avec ses valeurs personnelles et humaines tout en arrivant à gravir les échelons. Il y a un lien fort avec le leadership, car un bon leader doit être capable de rester humain et empathique. Ça ne veut pas dire ne pas être exigeant. Ça veut dire être à l'écoute, comprendre, et se mettre à la place de l'autre. Plus on vieillit, plus on se rend compte que l'essentiel est de pouvoir se regarder dans le miroir le matin et se dire qu'on est une bonne personne. Le jour où je ne serai plus en accord avec mes valeurs, le moment sera venu de partir. C'est important pour moi d'avoir un métier qui a du sens et d'être en accord avec qui je suis. Notre rôle en tant que femme est de partager notre expérience, de donner un message d'espoir aux jeunes filles, de leur dire qu'il faut y aller, ne pas se laisser abattre, et ne pas se mettre de limites, on peut exploser ce plafond de verre ensemble.

K : Qu'est-ce que le leadership selon toi ?

M. : C'est un état d'esprit qui n'a aucun rapport avec une quelconque hiérarchie. Un bon leader doit avoir cette capacité à embarquer les gens par son énergie, sa volonté, son esprit de persuasion et son positivisme. C'est également avoir une vision et être en capacité de la partager et la transmettre, parce qu'on ne peut pas réussir seul. Aujourd'hui, ma plus grande réussite c'est quand des personnes de mon équipe me confient que si je partais, elles souhaiteraient me suivre ! Un leader, c'est aussi quelqu'un qui fait et qui ne fait pas que faire faire. C'est très facile de donner des ordres, mais il faut avant tout donner l'exemple et être cohérent avec ce que l'on dit. Le leadership au féminin est intéressant, car je pense que les femmes disposent de qualités intrinsèques naturelles en matière de savoir-être. En revanche, j'ai pu rencontrer des managers femmes qui singent le leadership masculin et écrasent les femmes. C'est vraiment le pire des deux mondes ! Il faut être en phase avec sa personnalité et ses valeurs et ne pas jouer un rôle qui finira par se retourner contre nous.

K. : Pourquoi faut-il toujours être dans une posture d'apprentissage en continu ?

M. : Pour vraiment maîtriser les choses, il faut les pratiquer et les comprendre. L'apprentissage et la formation sont essentiels pour cela. Cela permet aussi de développer de nouvelles compétences et notamment en matière de leadership. Au moment où l'on arrête d'apprendre, on se met en danger, car le monde bouge et évolue, et il faut évoluer avec lui pour garder et développer sa valeur.

K. : De quelle erreur as-tu le plus appris ?

M. : De ne pas avoir assez pris soin de moi. À 39 ans, j'ai eu un cancer de la thyroïde, parce que je n'ai pas pris soin de ma santé. Le travail passait avant tout, même avant mes grossesses, puisque j'ai continué à travailler pendant tous mes congés maternité. Le travail a toujours pris une place prépondérante dans ma vie. Ce qui peut ne pas être un problème, sauf si c'est au détriment de la santé. C'est très important d'avoir des moments de respiration et je n'ai pas su bien le faire. Encore aujourd'hui, c'est un peu difficile de prendre soin de moi. J'ai parfois l'impression que le temps que j'y consacre pourrait être mieux utilisé en faisant autre chose, mais je suis en chemin ! ∎

Le livre qu'elle nous recommande

Le livre **« Notre corps ne ment jamais »** d'Alice Miller, docteure en philosophie, psychologie et sociologie, qui y explique que notre corps nous envoie des signaux forts comme les douleurs, les maladies et qu'il faut savoir l'écouter. Le corps est notre véhicule pour la vie. Quand les gens sont en *burn-out*, c'est qu'ils n'ont pas écouté ou entendu les signaux d'alerte, le corps se met alors en mode stop, il n'avance plus et là il nous impose de l'écouter et de nous reposer. On apprend dans le livre comment on peut éviter d'en arriver là. C'est passionnant !

Chapitre ————————

7.

Trouver sa place dans le monde du business

L'anecdote de

Kristine

Le fait que je sois une femme ne m'a jamais vraiment empêché de me projeter en termes de carrière. En revanche, je voyais davantage un frein dans le fait que je sois arménienne et issue d'une famille traditionnelle. L'été de mes 20 ans, en Russie, alors que j'étais étudiante en 2ème année à l'école Polytechnique de Saint-Pétersbourg, j'ai décroché un emploi d'été dans le service commercial et marketing de la Poste de Russie. C'était une nouvelle équipe et un nouveau projet qui se lançait, et donc l'opportunité d'apprendre.

Mon père m'avait alors dit qu'en tant qu'étudiante non russe, je devais faire mes preuves et montrer de quoi j'étais capable dans le monde du business. Cela voulait dire être exemplaire : venir avant les autres, partir après les autres, rester concentrée, connaître beaucoup plus que tous les autres, bien préparer mes dossiers, ne pas faire de longues pauses, rester active, motivée, toujours contente, et surtout toujours partante pour bien faire son travail.

Parce que j'adorais ce que je faisais, en à peine 2 mois, j'avais créé des *reportings* qui avaient optimisé le temps d'opération pour que l'équipe puisse se concentrer sur la vente et le lancement de nouveaux produits. Au bout de deux semaines, j'avais déjà réussi à créer une relation de confiance et à la fin de l'été, malgré le fait que j'étais encore étudiante avec des journées chargées, ils m'ont proposé de continuer à travailler dans le service, allant même jusqu'à m'aménager un temps de travail sur mesure. Pendant les deux années qui ont suivi, mes journées étaient démentielles : j'allais à l'université de 8h à 16h, puis je travaillais au bureau de 17h jusqu'à 23h ou minuit. En dépit de la fatigue et de l'absence de vie sociale, j'ai adoré cette période, car je m'étais fait une place au travail grâce à ma persévérance et mon envie de bien faire.

D epuis des siècles, l'entreprise est à l'image des hommes. C'est un monde masculin qui a mis beaucoup trop de temps à s'ouvrir aux femmes. Si aujourd'hui, ce sujet ne se pose plus, il modèle toutefois les schémas mentaux et les relations dans le monde du business et du management. La pensée commune est bien souvent que si les hommes occupent la plupart des postes de direction, c'est qu'ils doivent faire quelque chose de bien, alors pourquoi ne pas amener les femmes à agir comme eux. Or, de nombreuses études quantitatives, y compris des méta-analyses, reprises dans un article[10] de la *Harvard Business Review* indiquent que les différences entre les sexes en matière de talent lié au leadership sont soit inexistantes, soit en faveur des femmes. Il serait donc plus logique d'inverser le remède proposé : au lieu d'encourager les femmes à agir comme les dirigeants masculins, nous devrions plutôt demander aux hommes en place dans les sphères d'influence des entreprises d'adopter certaines des méthodes de leadership les plus efficaces que l'on retrouve plus souvent chez les femmes. Cela créerait un vivier de modèles qui pourraient ouvrir la voie à la progression des hommes et des femmes compétents vers davantage d'équité, d'empathie et de bienveillance au service de la réussite de l'entreprise.

Il est toujours bon de rappeler qu'en équivalent temps plein, les chiffres[12] ne sont pas favorables aux femmes : les hommes touchent 23 % plus que les femmes. Tous temps de travail confondus, le pourcentage monte à 25,7%. Des inégalités connues depuis longtemps qui ont pourtant du mal à se réduire. La solution pourrait donc venir du leadership féminin. C'est-à-dire de la capacité à faciliter l'accès des femmes à des fonctions de leader afin de piloter des projets, manager des équipes et diriger des services.

La notion de leadership féminin est un sujet sensible, comme toutes les questions qui touchent au genre. En effet, il n'existe pas deux types de leadership opposés, l'un masculin qui est direct, simple, parfois brutal, et

---

10. « *7 Leadership Lessons Men Can Learn from Women* » *by Tomas Chamorro-Premuzic and Cindy Gallop*
11. « *Les inégalités de salaires entre les femmes et les hommes : état des lieux* » *; Observatoire des inégalités*

l'autre féminin, tout en rondeur, en émotions et en équilibre. Il existe des femmes et des hommes qui voient les choses différemment et des centaines de variations possibles selon les habitudes de vie, de communication, les expériences passées et l'intelligence émotionnelle de chacun. La question de fond est donc de savoir comment stimuler la notion de leadership auprès des collaboratrices de votre organisation. En effet, le leadership et la confiance en soi sont des sujets clés pour réussir dans sa vie personnelle et professionnelle.

On ne naît pas leader : on le devient.

Et si on peut laisser aux femmes la possibilité de s'épanouir et d'évoluer dans une entreprise, il sera naturellement plus facile de faire émerger des talents de leader.

Dans une interview[12], Elisabeth Moreno, alors ministre déléguée chargée de l'égalité entre les femmes et les hommes, de la diversité et de l'égalité des chances, soulignait que les statistiques montrent que 60 % des femmes manquent de confiance en elles. Cela vient notamment du fait que la contribution des femmes à la société est minimisée dans toutes les sphères de la société. Le leadership n'est facile ni pour les hommes ni pour les femmes, mais si vous partez avec un fardeau supplémentaire, un syndrome de l'imposteur, un sentiment d'illégitimité, c'est encore plus difficile d'autant que l'entreprise est un milieu compétitif. Et la société attend toujours que ce soit davantage des femmes qui s'occupent de la famille.

En façade, l'entreprise tend pourtant à intégrer les codes du féminisme, mais en pratique, les inégalités hommes-femmes et le sexisme se maintiennent. La domination masculine applique le credo darwinien : celui qui gagne n'est pas forcément le plus fort, mais bien celui qui s'adapte. Pour faire bouger les lignes, il faut avant tout être capable de faire sauter des verrous solidement fermés et rouillés par des siècles de domination patriarcale. Dans une société patriarcale, le rôle d'une femme est d'être vue et non entendue, de se maintenir dûment dans la position de mère au foyer et de supporter la charge des enfants, des tâches ménagères et de tout ce qui en découle.

Le patriarcat ne concerne pas seulement les hommes au pouvoir. Il est bien plus profond que cela. C'est un système familial et social dans lequel le père

---

12. « *Nous sommes encore dans une société patriarcale», affirme la ministre Elisabeth Moreno* » ; *L'Usine Nouvelle*

est le chef de famille. Le mot signifie littéralement « la domination du père » et décrit une lignée dans laquelle le père exerce un contrôle total sur les femmes et les enfants de la famille, ce pouvoir étant transmis ensuite à ses héritiers masculins.

Dans son livre « *Invisible Women* », Caroline Criado Perez montre que les smartphones sont conçus pour être utilisés par des mains masculines, que les températures standard des bureaux sont ajustées en fonction du métabolisme masculin, et que les tests de sécurité automobile réglementaires sont effectués sur des mannequins masculins. Nous vivons dans un monde conçu pour et par les hommes.

Dès la naissance, les enfants se voient imposer des attentes en matière de genre, et ces attentes font que les femmes ont beaucoup plus de chances que les hommes de grandir en croyant qu'elles doivent être parfaites pour avoir de la valeur. Il suffit de penser à la façon dont les garçons et les filles sont récompensés. Les filles sont félicitées pour leur obéissance et leurs résultats scolaires, tandis que les garçons se voient accorder la liberté. Un « vilain garçon » est considéré comme charmant et amusant, mais les filles qui enfreignent les règles sont pénalisées. À l'école, les filles sont beaucoup plus susceptibles que les garçons d'être punies pour un comportement agressif ou un écart de conduite. Afin d'obtenir l'approbation, les filles sont encouragées à tout faire selon les règles, à éviter de faire des erreurs et à être extrêmement diligentes. C'est là que commence la quête féminine de la perfection.

Même en tant qu'adultes en entreprise, les femmes sont soumises aux attentes de la société qui veut qu'elles soient parfaites. Cela a des conséquences dévastatrices sur leur carrière. La peur de faire des erreurs, même minimes, empêche les femmes de prendre des risques. Malheureusement, la prise de risques est nécessaire pour développer son leadership, car c'est cette qualité qui permet à une entreprise de croître et d'évoluer. Les femmes créent leur propre plafond de verre en étant trop perfectionnistes.

Si nous voulons gravir les échelons, et nous assumer pleinement, nous devons nous débarrasser du lourd fardeau de la perfection qui nous a été imposé par la société.

Cessons d'essayer d'être parfaites, de plaire à tout le monde en permanence et de ressasser nos erreurs passées. En acquérant la confiance nécessaire pour s'épanouir, et le faire savoir, en établissant les bonnes relations sociales au travail et en s'appropriant nos réalisations, nous pouvons réaliser notre plein potentiel et devenir des leaders.

Se battre ou partir

Pour exister, les femmes en entreprise qui sont à des postes d'influence n'ont que deux solutions : se battre ou partir. Se battre signifie tenter d'influencer le fonctionnement de votre organisation. C'est une démarche qui passe par des micro-succès et une grande capacité d'influence. Imaginez que vous fomentiez une révolution. Vous n'allez pas le clamer dans la rue sans avoir de plan ni de soutien. Il faut travailler en souterrain, rallier à votre cause des personnes capables de se mobiliser, mettre en place des actions vues comme non menaçantes par *l'establishment* masculin, comme le mentorat féminin ou des ateliers autour du leadership au féminin, afin de faire passer les bons messages, de s'organiser et de construire une forme de contre-pouvoir. Par exemple, une façon concrète d'améliorer le leadership des femmes consiste à laisser les femmes servir de mentors aux hommes. Le mentorat sur le lieu de travail peut s'avérer inestimable pour aider un salarié à progresser dans sa carrière. Le fait de confier à des femmes le rôle de mentor pour des hommes pourrait profiter aux deux parties, et à la société dans son ensemble, en permettant d'en apprendre davantage sur les différents styles de travail et de leadership. S'impliquer pour faire évoluer son organisation est une démarche qui prend du temps, beaucoup d'énergie, et une détermination sans faille, selon la taille et la culture de votre entreprise, mais c'est aussi le meilleur moyen de mettre la lumière sur une cause sociétale qui est stratégique. Aucune entreprise ne voudrait une mauvaise publicité sur ce sujet.

La seconde approche consiste à partir. Alors que les femmes sont plus exigeantes au travail, elles sont aussi plus nombreuses que jamais à quitter leur entreprise pour obtenir des conditions de travail justes. Une étude[13] montre que les femmes dirigeantes changent d'emploi au rythme le plus élevé que nous ayons jamais vu - et à un rythme plus élevé que les hommes dirigeants.

Les raisons pour lesquelles les femmes leaders quittent leur entreprise sont éloquentes. Les femmes dirigeantes sont tout aussi ambitieuses que les hommes, mais dans de nombreuses entreprises, elles sont confrontées à des vents contraires qui indiquent qu'il leur sera plus difficile de progresser. Elles sont plus susceptibles d'être victimes de micro-agressions dévalorisantes, comme le fait de voir leur jugement remis en question ou d'être confondues

---

13. *« Women in the Workplace 2022 » ; McKinsey & Company*

avec une personne plus jeune. De plus, il est de plus en plus important pour les femmes dirigeantes de travailler pour des entreprises qui privilégient la flexibilité, le bien-être des employés, la diversité, l'équité et l'inclusion. Si les entreprises n'agissent pas, elles risquent de perdre non seulement leurs dirigeantes actuelles, mais aussi la prochaine génération de dirigeantes. Les jeunes femmes sont encore plus ambitieuses et accordent une plus grande importance au fait de travailler dans un environnement équitable et inclusif. Elles regardent les femmes seniors partir vers de meilleures opportunités et sont prêtes à faire de même. En consacrant du temps et de l'énergie à un travail qui n'est pas reconnu, les femmes dirigeantes ont plus de mal à progresser et sont moins sollicitées que les hommes dirigeants. Sans surprise, 43 % des femmes dirigeantes sont en *burn-out*, contre seulement 31 % des hommes au même niveau de responsabilité.

Il est donc temps que ça change, et ça commence par vous !

Rencontre avec

Sandrine Murcia

"

Demain est un autre jour.

Livre : Autant en emporte le vent
Margaret Mitchell

Sandrine est CEO et co-fondatrice de la société Cosmian. Créée en 2018, Cosmian développe des solutions logicielles B2B qui révolutionnent la protection et l'exploitation des données sensibles, grâce aux technologies de chiffrement les plus avancées.

Sandrine a démarré sa carrière en 1995 chez Procter & Gamble comme Chef de Projet Europe. En 1999, elle rejoint la toute première équipe MSN chez Microsoft France en tant que Consumer Marketing Manager. De 2004 à 2009, Sandrine a exercé la fonction de Directrice Marketing Google Europe du Sud, en charge de la stratégie marketing des services Grand Public ainsi que de la stratégie d'acquisition des nouveaux clients Grands Comptes et PME.

En 2010, Sandrine co-fonde sa première société Spring Lab - une agence - conseil en innovation et transformation numérique. Puis en 2015, Sandrine rejoint Herow (ex Connecthings), en tant que Directrice Générale d'un des leaders des services mobiles Smart City. Sandrine est Ingénieur Biotechnologies INSA Lyon, diplômée d'HEC Paris et du MBA de Kellogg School of Management.

Kristine : Comment es-tu arrivée là où tu en es aujourd'hui ?

Sandrine : Aujourd'hui, je suis chef d'entreprise et ça a été une évolution assez naturelle, mais ce n'est pas une fin en soi. Je ne considère pas être arrivée où que ce soit. J'ai démarré comme salariée, avec plusieurs expériences dans des grands groupes. J'ai changé de métiers et de secteurs et je me suis demandé comment je peux faire quelque chose qui m'intéresse pleinement. Il y a toujours un moment où l'on a envie d'évoluer et on doit se poser la question de ce qu'on voudrait faire. Au bout d'un moment, ce dont j'avais envie ce n'était pas de trouver un autre job mais plutôt de créer ma propre entreprise et d'être vraiment pleinement aux commandes.

K. : Qu'est ce que la réussite selon toi ?

S. : Bonne question, mais je ne suis pas sûre de le savoir ! J'avoue que c'est une question que je ne me pose pas. Je suis plus intuitive, où lorsque je sens qu'il y a un truc qui ne va pas, je me dis qu'il faut que je trouve le moyen de faire quelque chose. Il y a un côté final dans la réussite. Quelque chose qu'on réalise sur son lit de mort quand on regarde en arrière. En tout cas, la réussite n'est certainement pas uniquement quelque chose de professionnel.

K. : Qu'est ce que le leadership selon toi ?

S. : Je dirais qu'en tant que chef d'entreprise, c'est d'aider mon équipe à grandir et qu'elle comprenne que sa mission a du sens, et de savoir comment faire pour atteindre nos objectifs.

K. : Considères-tu qu'il y a un leadership féminin et masculin ?

S. : Pas du tout ! J'ai beaucoup de méfiance sur la catégorisation des sujets selon le genre, car on risque de rentrer dans des caricatures. Pour moi, il n'y a pas de différence entre une femme ou un homme leader. Je pense qu'on est tous façonné par notre éducation et notre environnement. Le seul message qui compte pour moi, c'est d'oser, de se dépasser et de ne pas se mettre de barrière, surtout quand on est entrepreneur.

K. : Comment appréhendes-tu ton travail dans la tech ?

S. : En tant que *Woman in Tech*, j'ai effectivement un intérêt pour le secteur qui est extrêmement large avec de nouvelles idées et approches en permanence. Il y a un côté très créatif pour imaginer des solutions nouvelles ou inventer quelque chose dans une industrie qui est très codifiée. Les femmes ont énormément de valeur ajoutée pour contribuer à la technologie dans beaucoup de domaines différents comme la création de nouveaux services, produits ou de nouvelles approches qui concernent tous les métiers et toutes les industries. On a fait de la tech un monde à part alors qu'elle est intégrée partout dans le quotidien de tous. Ce que j'aime c'est de se dire que personne n'a concrétisé telle idée avant, donc je peux faire comme je veux et il n'y a pas de règles à suivre. On a un maximum de liberté et on peut se créer de la liberté dans des environnement très contraints par exemple. J'ai quitté l'univers de la grande consommation et j'ai profité de la montée en puissance du web pour changer de métier et d'univers où tout était à construire.

K. : As-tu un enseignement à partager ?

S. : Je pense que ce qui m'a le plus marquée, c'est qu'il faut être bien entouré. Mon but est de travailler avec des gens qui sont plus forts et plus intelligents que moi. En se disant que tout est possible, on peut s'intéresser à tout et lancer une société dans n'importe quelle industrie ou univers, tant qu'on accepte de faire équipe avec des gens qui savent plus que nous.

K. : Est-ce que tu as une power pose ou un exercice qui t'aide ou te donne confiance en toi ?

S. : Si j'ai le trac avant une intervention ou un rendez-vous, je me dis que c'est une bonne chose. Ça veut dire que c'est important. Donc je tourne le truc à l'envers en me disant que si je n'ai pas le trac et que je ne ressens rien, c'est qu'il n'y a pas d'enjeu. Quand il est présent, le trac doit être accepté et utilisé avec force pour se décupler. ∎

♡ Le livre qu'elle nous recommande

Je suis une grande lectrice et j'essaye de lire tous les soirs. Toutefois, je ne lis aucun livre business et je préfère largement la fiction, la philosophie ou les biographies. Parmi mes dernières lectures je recommande **« Darktown »** de Thomas Mullen, qui a écrit une trilogie très intéressante sur les premiers policiers noirs aux États-Unis dans les années 50. La biographie de Pablo Neruda est tout aussi passionnante à lire. Enfin, en ce moment je lis aussi, par petit bout, le livre **« Ci-gît l'amer »** de Cynthia Fleury. Un ouvrage philosophique pour ne pas se laisser envahir par le ressentiment et l'amertume quand il y a quelque chose qui ne marche pas.

Chapitre

8.

Développer son intelligence émotionnelle et ses *soft-skills*

L'anecdote de

Kristine

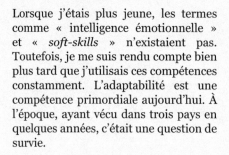

Lorsque j'étais plus jeune, les termes comme « intelligence émotionnelle » et « *soft-skills* » n'existaient pas. Toutefois, je me suis rendu compte bien plus tard que j'utilisais ces compétences constamment. L'adaptabilité est une compétence primordiale aujourd'hui. À l'époque, ayant vécu dans trois pays en quelques années, c'était une question de survie.

Avant de quitter l'Arménie, alors que j'avais 12 ans, je discutais avec des copines qui étaient en train de changer d'école. Je me souviens leur avoir dit que je ne changerai jamais d'école, car je m'y sentais vraiment bien. L'année d'après, non seulement j'avais changé d'école, mais aussi de pays ! Nouvelle langue, nouvelle culture, nouvelles amies, nouvel environnement... il faut s'adapter. En arrivant en Russie, je suis passée de la fille populaire et brillante à celle qui n'avait plus d'amis, qui ne rentrait pas dans les critères de beauté locaux et qui ne maîtrisait pas la langue. Beaucoup se sont moqués de mon accent et de ma manière de m'habiller. Mais ce qui me touchait le plus, c'était la langue.

J'avais une camarade de classe qui, tous les jours, se moquait de mon russe. C'était devenu un jeu pour elle. Un jour, ma mère m'a dit que la prochaine fois que cette fille se moquerait de moi, je devrais lui demander combien de langues elle maîtrisait. Je parlais arménien, russe, mais aussi français et anglais. Pas parfaitement, mais je comprenais et on me comprenait. Un jour, je lui ai dit : « tu ne parles qu'une seule langue, c'est le russe, et tu en es fière au point de m'humilier tous les jours. Moi, je parle 4 langues, pas aussi bien que toi tu ne parles russe, mais au moins, je suis beaucoup plus ouverte et moins ignorante. Alors, quand tu parleras rien qu'une deuxième langue aussi bien que je parle russe, tu auras le droit de te moquer. » Et ce fut la dernière fois qu'elle s'est moquée de moi.

Ce jour-là, j'ai compris que la connaissance et le savoir ne sont que la moitié de nous. Savoir être ouvert envers les autres, savoir se remettre en cause, et essayer de comprendre sans juger peut tout changer dans une vie.

S'il n'y avait qu'une qualité sur laquelle vous devriez vous concentrer pour développer votre leadership, ce serait l'intelligence émotionnelle. C'est une qualité, ou plutôt un trait de caractère global qui fait partie des *soft-skills* (ou « savoir être » en français). En opposition aux *hard-skills* (le savoir-faire), les *soft-skills* regroupent l'ensemble des qualités humaines telles que la fiabilité, l'adaptabilité, la capacité à résoudre des conflits, la flexibilité, la créativité, l'éthique, la capacité à trouver des solutions aux problèmes complexes, l'intelligence culturelle, etc. Et parmi celles-ci, l'intelligence émotionnelle est l'une des plus importantes, car elle impacte directement ou indirectement toutes les autres.

On entend parfois des personnes se demander si elles doivent suivre leur tête - leur raisonnement rationnel - ou leur cœur, leur raisonnement émotionnel. Cette idée que les émotions et les pensées ne sont pas liées est totalement erronée. En fait, les émotions affectent tous les aspects de notre façon de penser. Elles déterminent la façon dont nous prenons nos décisions, notre capacité de concentration, et même ce à quoi nous pensons.

L'intelligence émotionnelle

L'intelligence émotionnelle est un concept qui a émergé au début des années 90 à l'université de Yale, aux États-Unis, en particulier grâce aux travaux de deux psychologues américains, Peter Salovey et John D. Mayer. En 1996, le journaliste Daniel Goleman s'inspire de leurs recherches pour publier un livre aujourd'hui considéré comme la pierre fondatrice de la démocratisation de l'intelligence émotionnelle : « *Emotional intelligence: Why it can matter more than IQ* ». Il restera en tête des ventes pendant de longs mois.

L'intelligence émotionnelle se définit comme la capacité à percevoir et à exprimer les émotions, à les intégrer pour faciliter la pensée, à comprendre et à raisonner avec les émotions, ainsi qu'à réguler les émotions chez soi et chez les autres. C'est avant tout une qualité qui évolue avec le temps et les expériences rencontrées dans le cadre de sa vie personnelle et professionnelle. Il est impossible de se prétendre émotionnellement intelligent à un moment donné de sa vie et de ne plus travailler dessus. En réalité, il s'agit avant tout d'une somme de compétences, de sensibilités et d'approches qui permet d'identifier, de reconnaître, de contrôler et de maîtriser ses propres émotions. Je pense qu'il est impossible d'être leader sans intelligence émotionnelle, car c'est elle qui sublime les émotions pour les transformer en énergie positive. C'est aussi elle qui permet d'identifier les émotions des autres afin de pouvoir composer avec elles.

L'intelligence émotionnelle joue un rôle considérable sur la manière dont vous interagissez avec votre entourage, que ce soit dans votre travail, ou dans votre vie personnelle. Elle vous donne le pouvoir de prendre des décisions qui doivent être stratégiques, pertinentes et surtout intervenir au bon moment. Même si l'hésitation est naturelle, la tergiversation peut être dangereuse. Si vous avez confiance en vous, en votre équipe, et si vous êtes certaine d'avoir compris et intégré vos émotions et celles des autres, la prise de décision sera rapide et sereine.

Une bonne intelligence émotionnelle est aussi indispensable pour construire des alliances durables, que ce soit en interne avec une équipe de direction ou une business-unit, ou à l'externe avec un partenaire, un fournisseur, ou toute autre partie prenante. L'intelligence émotionnelle intervient dans toutes les interactions humaines et peut accélérer ou freiner un projet ou une discussion. Elle vous aide à décoder les sentiments des autres, à anticiper leurs actions et leurs pensées, et à favoriser l'écoute et la prise de décision, à condition d'être authentique, empathique et vrai. On ne convainc personne sous la contrainte et l'autorité.

Enfin, l'intelligence émotionnelle permet d'anticiper des problèmes qui peuvent survenir en faisant confiance à ses équipes, en prenant le temps d'échanger avec elles, et en étant attentif aux micro-signaux comportementaux qui peuvent souligner un défi à surmonter ou un questionnement à envisager. L'intelligence émotionnelle joue ainsi le rôle d'un benchmarking émotionnel pour savoir comment se sentent vos collaborateurs et identifier des talents en devenir. De quoi développer ses stratégies d'influence en tant que leader pour être reconnue, pour faciliter le partage et la transmission de ses idées, pour s'entourer d'une équipe dévouée et pour oser innover.

Les entreprises vivent un moment de transformation en matière de leadership. Aujourd'hui, les leaders ne sont pas forcément des managers, pas forcément des hommes, pas ceux qui parlent le plus fort, qui ont fait les plus grandes écoles ou celles qui sont les plus connues ou les plus visibles. Une leader efficace est avant tout une personne capable de comprendre le monde et les personnes qui l'entourent, les leviers d'action qu'elle peut activer, les marges de manœuvre qu'elle a à sa disposition, et l'influence qu'elle peut utiliser pour changer, humblement, le monde qui l'entoure.

Souvent, les émotions se manifestent immédiatement. Ce sont des réactions momentanées qui impactent votre système biologique et mental. Par exemple, si quelqu'un vous coupe la route en voiture, vous ressentez immédiatement de la colère. Si votre enfant ramène une bonne note ou réalise une bonne prestation sur un terrain de sport, vous êtes fière. Cependant, les émotions peuvent aussi être piégées en nous et continuer à influencer nos pensées, nos sentiments et notre santé sans que nous en soyons conscients.

Pour comprendre les émotions à un niveau plus profond, il faut mieux comprendre comment elles fonctionnent.

Tout d'abord, notre corps crée une vibration émotionnelle - par exemple, une vibration de bonheur, de tristesse, d'anxiété ou d'excitation. Ensuite, nous commençons à ressentir l'émotion, ainsi que les pensées et les sensations physiques qui l'accompagnent. Ce processus peut durer une seule seconde ou une période beaucoup plus longue avant de laisser partir l'émotion et de passer à autre chose.

Les émotions piégées se produisent lorsque ce processus est interrompu ou qu'on ne lui permet pas d'évoluer pleinement. Parfois, le problème est que nous n'avons pas vraiment laissé partir l'émotion. D'autres fois, c'est que nous ne nous sommes pas permis de vivre l'émotion en premier lieu, mais que nous l'avons embouteillée et stockée dans notre corps. Dans son livre « *The Emotion Code* », Bradley Nelson révèle qu'une personne a en moyenne plus d'une centaine d'émotions emprisonnées sans en être conscient. Si vous avez déjà connu des problèmes relationnels, un rejet, un discours négatif sur vous-même, une perte ou un stress à long terme, il est fort probable que vous ayez des émotions piégées en vous. Reconnaître, comprendre et savoir gérer ses propres émotions est une composante essentielle d'une bonne intelligence émotionnelle. Ainsi, avant de demander aux autres de gérer leurs émotions, il est important que vous puissiez être en mesure de gérer les vôtres.

Les personnes chez qui l'intelligence émotionnelle aura le plus d'impact sont celles qui sont amenées à travailler en groupe, à manager ou à coordonner des équipes. C'est la raison pour laquelle les managers (qui ne sont pas toujours des leaders, rappelons-le) s'intéressent, ou devraient s'intéresser à ce sujet. C'est aussi une des raisons pour laquelle les services RH intègrent désormais l'intelligence émotionnelle comme un levier de recrutement.

Les émotions sont ressenties par tout le monde. Ce qui fait la différence, c'est la capacité à les comprendre, à les reconnaître, à les identifier chez les autres, et à accepter qu'elles puissent influencer notre comportement. Être un leader veut dire accepter de voir le monde changer et y prendre sa part de responsabilité. Pour cela, il est essentiel de travailler sa connaissance de soi. Cela signifie réfléchir à vos émotions et à vos réactions instinctives. Vous pouvez noter mentalement ce que vous ressentez et apprendre certaines techniques pour changer votre humeur. Les personnes émotionnellement intelligentes essaient de résoudre les causes du stress au lieu de se faire déborder.

La question du stress est d'ailleurs prégnante dans la vie professionnelle et intimement liée à l'intelligence émotionnelle. Schématiquement, il existe ce qu'on appelle un bon et un mauvais stress. Le bon stress a même un nom : **l'eustress**. Il s'agit d'une réponse cognitive positive au stress qui provoque un sentiment d'épanouissement. C'est ce bon stress qui vous pousse à vous dépasser et à donner le meilleur de vous-même. Il alimente l'excitation et l'enthousiasme provoqués par une situation dans votre vie. Néanmoins, contrairement au « mauvais » stress qui peut nous toucher tous, facilement, et à tout moment, l'eustress nécessite des efforts pour être maintenu dans la longueur. On ne peut pas être toujours à 200%. Pour allumer la flamme de l'eustress, il faut un contexte, une motivation et un état d'esprit propice, avec l'envie de challenger et d'être challengé, et des tâches qui apparaissent comme étant surmontables. C'est le cas lorsque vous participez à une compétition sportive pour avoir envie de vous dépasser, car plus l'enjeu est important, plus l'eustress peut être puissant. C'est aussi le cas lorsque vous souhaitez faire bonne impression pour un nouvel emploi pour être souriant, enjoué, motivé et de bonne humeur au cours des premiers jours, ou encore pour vous surpasser pour atteindre un objectif et donner le meilleur de vous-même.

Le stress est une adaptation naturelle de l'organisme face à une situation potentiellement dangereuse. Initialement, c'est une alerte utile qui peut nous sauver la vie. Or, nous ne vivons plus à une époque où le danger provient de notre environnement. Nous nous sommes adaptés et le stress aussi. Il peut survenir dans différentes situations du quotidien comme la vie professionnelle, dans le cadre de difficultés relationnelles, de problèmes financiers, de problèmes de santé, ou encore lorsque vous faites face à un changement brutal et inattendu. À petite dose, le stress est gérable. C'est un voyant qui vous prévient d'un problème. S'il est ponctuel, il ne devrait pas trop vous déranger. En revanche, lorsqu'il est trop présent, il devient encombrant et il faut alors le combattre.

Comment combattre le stress ?

Pour cela, vous aurez besoin de toutes vos ressources en matière d'intelligence émotionnelle. La première étape est d'identifier la source du problème. Souvent, elle est claire et limpide : un client mécontent, un conjoint toxique, un examen à passer... Mais parfois, elle n'est pas toujours évidente à trouver. C'est le cas d'une tension permanente, mais qui n'explose jamais, ou de problèmes enfouis plus profondément qui se décident à ressurgir dans votre quotidien. Si la source du stress vous échappe, parlez-en autour de vous (amis, collègues, famille) et n'hésitez pas à chercher de l'aide pour l'exprimer. La deuxième étape, c'est de prendre du recul, de rationaliser le problème et d'essayer de trouver des solutions. Il est toujours facile de donner des conseils à des personnes stressées, mais plus difficile de se les appliquer à soi-même. En tentant d'analyser votre situation à froid, quels conseils pourriez-vous donner à quelqu'un qui rencontre le même problème ? Cela pourrait être, par exemple, de mieux communiquer, de changer d'emploi, de s'éloigner des personnes toxiques, de reprendre le sport.

La troisième étape, c'est de passer à l'action et de calmer son stress avec des techniques de bien-être. On réagit tous différemment à ces techniques selon notre personnalité et nos expériences. La méditation pourra ainsi se révéler très efficace pour certaines personnes et pas pour d'autres. Il est donc important de les tester pour bien se les approprier et trouver celles qui fonctionnent. C'est indispensable pour réguler vos émotions et rester calme dans les situations de stress. Pour gérer vos émotions, vous devez d'abord en être conscient. Les personnes qui savent bien gérer leurs émotions ont tendance à rester positives et calmes dans les situations stressantes. Elles considèrent un obstacle comme une opportunité d'amélioration et un défi à surmonter afin d'améliorer leurs compétences en matière de résolution de problèmes.

Pour améliorer votre intelligence émotionnelle, il faut aussi travailler votre empathie. Cela signifie comprendre l'état d'esprit et les sentiments d'une autre personne non pas de votre point de vue, mais du sien. Devenir une personne empathique peut faciliter l'établissement de meilleurs rapports entre vous et vos équipes, et ainsi résoudre plus facilement les conflits (ou les désamorcer avant qu'ils ne se produisent).

Enfin, une communication efficace tend à favoriser une meilleure compréhension des situations. Cultivez vos compétences en communication verbale et non verbale pour devenir un leader efficace et émotionnellement intelligent. Chaque communication et micro-interaction est une occasion de gérer vos émotions, de pratiquer l'empathie et d'améliorer vos relations. Dans son livre « La Besttitude : Mode d'emploi pour une vie épanouie », Salime Nassur évoque un état d'esprit et une philosophie qui est une manière de se tenir et de se comporter correspondant à une disposition psychologique positive. En clair, toujours se présenter souriant, confiant et bienveillant. La Besttitude est une philosophie simple qui peut s'appliquer à tout le monde. Et ce, quel que soit votre statut social, votre mode de vie, votre niveau d'étude ou votre métier. Il n'y a pas besoin d'être riche et célèbre pour être positif, bienveillant et souriant. Si vous êtes dans un bon état d'esprit, votre capacité à développer votre intelligence émotionnelle le sera également. Soyez conscient de votre langage corporel et de celui des autres. Si vous êtes enthousiaste, il est fort probable que les gens le remarquent instantanément.

Si l'intelligence émotionnelle est intimement liée aux émotions humaines, elle a aussi une composante culturelle qu'il faut garder en mémoire, en particulier si vous ou vos équipes êtes amenées à travailler à l'international. Comme le souligne Philippe d'Iribarne dans son livre « La logique de l'honneur - Gestion des entreprises et traditions nationales », la France a un lourd passé monarchique qui est très présent dans nos conditionnements. Nous vivons dans un pays féodal avec une hiérarchie verticale qui fait appel à l'honneur et à l'arbitrage en cas de conflit. On obéit aux plus nobles que soi et on a besoin d'avoir du respect et de l'admiration pour la personne que l'on sert. En France, on aime la critique, on déteste l'échec, on intellectualise toutes les situations et on ne sait pas fêter les victoires, ce qui conduit à des déficits de reconnaissance et de confiance. À l'inverse, les États-Unis, pays marchand, favorisent la clarification du contrat et font appel à la justice en cas de conflit. L'échec est également productif et utile : on l'affronte et il peut donner confiance. Les Américains disposent aussi d'un pragmatisme à toute épreuve. Si les préceptes de l'intelligence émotionnelle sont applicables partout dans le monde, ils doivent toutefois s'adapter au contexte local.

C'est ici que l'on parle d'intelligence culturelle. Un leader travaillant à l'international doit alors se doter d'intelligence émotionnelle et d'intelligence culturelle pour naviguer entre plusieurs zones géographiques.

Rencontre avec

Natasha Rostovtseva

" Je suis extraordinairement patiente, pourvu que j'obtienne ce que je veux à la fin...

Margaret Thatcher

Natasha Rostovtseva est franco-russe et vit en France depuis plus de 10 ans. Elle travaille chez Google dans les partenariats d'actualités et dirige une équipe des programmes réglementaires dans la région EMEA. Natasha se concentre actuellement sur la conformité de Google avec la directive européenne sur le droit d'auteur, ainsi que sur les relations de l'entreprise avec l'industrie de l'information et diverses autorités de la concurrence dans l'UE.

Auparavant, elle était responsable des partenariats produits et du développement commercial dans la région EMEA pour Google Play Books, News, Library project, Google Maps, Cultural Institute, Google Search et Assistant, pour n'en nommer que quelques-uns.

Son parcours professionnel est très diversifié et international. Elle a commencé son voyage dans une école de médecine à Moscou et s'est progressivement tournée vers la communication sur la santé et le journalisme médical avant de travailler dans le marketing numérique chez Leo Burnett et d'obtenir une maîtrise en communication de masse à l'UNC Chapel Hill, aux États-Unis. Elle a ensuite redirigé son attention vers le développement des affaires, ce qui l'a conduite à l'INSEAD à Singapour et en France, puis finalement chez Google.

Kristine : Comment es-tu arrivée là où tu en es aujourd'hui ?

Natasha : C'est sans doute dû à une sorte d'ignorance bienheureuse de ce qu'implique une carrière en entreprise et d'une forte anxiété quant au maintien de mon indépendance. J'ai toujours suivi les choses qui m'intéressaient vraiment. J'ai une carrière très fragmentée et non linéaire, et je suis très heureuse de ne jamais avoir eu peur de pivoter ou de changer des choses qui ne me satisfaisaient pas vers des domaines où ma motivation était forte et sincère. J'ai aussi la chance d'être très curieuse intellectuellement et j'aime apprendre. Je crois fermement à l'apprentissage tout au long de la vie et j'aime essayer de nouvelles choses. En ce sens, le leadership n'a pas de point final. Nous sommes toujours confrontées à de nouveaux problèmes et défis, et la polyvalence, l'agilité et l'adaptabilité permettent de croître continuellement. Enfin, je dirais qu'il ne faut pas avoir peur de sauter dans l'inconnu. Cela m'a permis de découvrir des choses dans la vie dont je n'aurais jamais imaginé l'existence.

K. : Qu'est ce que la réussite selon toi ?

N. : Je considère qu'il s'agit de la capacité à vivre sa vie selon ses valeurs et de ne pas avoir à faire de compromis sur celles-ci. Donc, de ce point de vue, je pense que j'ai réussi. Je crois fermement au partage et à l'ouverture afin que d'autres personnes puissent partager et apprendre. Mon message serait donc de ne pas attendre d'être prête pour faire quelque chose sinon, on ne se lancera jamais. On gagne toujours en confiance avec l'expérience.

K. : Qu'est ce que le leadership pour toi ?

N. : C'est un mélange de nombreuses choses. La première, c'est la confiance en soi et l'appréciation de ce que l'on fait. Si on n'est pas convaincu soi-même, on ne peut pas motiver les autres à nous suivre. La deuxième, c'est accepter que les gens autour de soi n'expriment pas toujours des émotions positives. Apprendre à gérer les émotions fortes des autres est une compétence très importante pour une leader. Enfin, le leadership consiste aussi à maintenir sa motivation lorsqu'on est seule. Le leadership peut être une tâche très solitaire et cela demande beaucoup de résilience et de persévérance lorsqu'on n'est pas soutenu dans nos efforts.

K. : Est-ce que le leadership au féminin est différent ?

N. : Oui, sans aucun doute, car notre point de départ est différent. Historiquement, les femmes ont dû faire face à de nombreux stéréotypes et normes sociales. Les progrès dans ce domaine varient selon les cultures et les sociétés, et il faut du temps pour surmonter ces obstacles. Les femmes sont soumises à des préjugés différents. Les obligations familiales et le manque de flexibilité au travail peuvent être des facteurs qui nous ralentissent. Nous devons définir par nous-mêmes quel est notre propre modèle de leadership, alors que la majorité des exemples qui nous entourent sont masculins. Toutes ces choses demandent de l'énergie et de la persévérance. C'est pourquoi une bonne leader doit nécessairement faire preuve de générosité, d'altruisme et de curiosité, ainsi qu'une bonne dose d'intelligence émotionnelle pour comprendre les émotions des autres.

K. : Comment as-tu développé ton intelligence émotionnelle et tes soft-skills ?

N. : J'ai découvert le sujet de l'intelligence émotionnelle lors de mon MBA en école de commerce. Le livre de Daniel Goleman a aussi été très utile. Toutefois, c'est quand j'ai fait un *burn-out* au travail, et que mon médecin m'a dit que je devais apprendre à comprendre mes émotions pour pouvoir faire face à cette situation que ce fut le plus prégnant. Lorsque nous sommes confrontés à des situations difficiles, il faut être accompagné par un professionnel formé qui peut nous orienter vers nos angles morts et qui peut nous aider à voir les choses que nous refusons de voir et que nous refusons d'accepter en nous. Nous vivons tous et toutes dans le déni, cela fait partie de la nature humaine. Ignorer la réalité n'a jamais aidé personne, mais l'accepter demande beaucoup de force et de courage.

K. : De quoi es-tu la plus fière dans ton parcours ?

N. : D'avoir trouvé le courage de consacrer du temps et de l'énergie à apprendre à accepter mes imperfections perçues et à être plus en paix avec moi-même. C'est important d'apprendre à accepter de l'aide et d'apprendre à accepter qu'on peut avoir besoin d'aide à certains moments de sa vie. On ne peut pas réussir seule, on ne peut pas tout savoir, et on ne peut pas toujours garder le contrôle. Accepter qu'on peut être impuissante, faible et vulnérable est aussi une forme de révélation. ■

Le livre qu'elle nous recommande

Les livres de Fredrik Backman, il est doué pour capturer l'humanité et la vulnérabilité avec une grande gentillesse. J'aimerais pouvoir être ami avec lui. C'est un individu très rare avec beaucoup de générosité envers les imperfections des humains.

Chapitre

9.
Équilibrer ses vies personnelle et professionnelle

L'anecdote de

Kristine

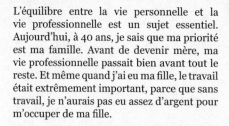

L'équilibre entre la vie personnelle et la vie professionnelle est un sujet essentiel. Aujourd'hui, à 40 ans, je sais que ma priorité est ma famille. Avant de devenir mère, ma vie professionnelle passait bien avant tout le reste. Et même quand j'ai eu ma fille, le travail était extrêmement important, parce que sans travail, je n'aurais pas eu assez d'argent pour m'occuper de ma fille.

Le congé maternité était une véritable source de stress pour moi. Alors que j'étais enceinte, j'étais en train de créer une nouvelle équipe au travail et tout devait rouler parfaitement en mon absence. Je me souviens avoir dit à mon médecin que je resterais travailler jusqu'à la veille de mon accouchement et que je reviendrais au bureau le plus vite possible. J'avais une belle carrière, je me sentais bien, et n'avais aucune raison de traîner. Lui m'avait répondu : « On en reparlera quand tu seras à plus de 35 semaines de grossesse. »

Évidemment, ce fut difficile. À partir du cap des 35 semaines, tout devenait compliqué. J'ai tout de même continué à travailler à un rythme plus réduit. J'ai accouché mi-août et dès l'automne, les équipes étaient occupées avec la fin de l'année qui approchait. Le stress montait et j'ai regardé beaucoup trop souvent mes e-mails. Et puis, il y a eu le *Worldwide Marketing Summit* à San Francisco. Un événement qui se déroulait une fois par an où toutes les équipes du monde se rencontraient aux États-Unis.

C'était en octobre et j'étais normalement en congé maternité jusqu'en novembre. J'ai demandé à y aller et j'ai laissé ma fille de 2 mois avec sa grand-mère pendant une semaine. Au programme : 12 heures de vol, 9 heures de décalage horaire, des réunions en continu qui se poursuivaient tard dans la soirée avec des événements sociaux, et mes hormones qui jouaient aux montagnes russes. Au final, j'ai détesté chaque instant. Au-delà du fait que ma fille me manquait, je me sentais coupable, épuisée, et totalement au mauvais endroit au mauvais moment. Je ne m'étais jamais imaginé que ce serait aussi difficile et j'en pleurais tous les soirs.

Pourtant, sur le strict plan professionnel, c'était la bonne décision. Dans toutes les entreprises, quand on n'est pas présente pour défendre son équipe et son budget, on n'existe plus. C'est ainsi que j'ai pu obtenir des informations confidentielles sur des projets de réorganisation. Ce soir-là, je me suis dit que si je ne protège pas mon équipe et qu'on ne décide pas ce qui est important pour nous, personne ne le fera à notre place et il faudra continuer à se battre.

Aujourd'hui, avec du recul, et si je pouvais revenir en arrière, je n'aurais pas autant travaillé durant mon congé maternité. C'est difficile, car il faut se battre contre soi-même en permanence, mais il y a des moments sacrés avec sa famille qu'il faut savoir respecter et protéger.

L'équilibre entre la vie personnelle et la vie professionnelle fait partie des sujets clés de ces dernières années. Sans doute que la fatigue et la charge mentale imputées à la pandémie de COVID-19 ont changé beaucoup de choses. C'est, en tout cas, un phénomène clé en matière de leadership. Non seulement pour vous, en tant que leader ou future leader, de s'assurer que vos équipes, si vous en avez, ne soient pas épuisées d'un décalage excessif entre vos attentes et les leurs. Mais aussi pour votre propre santé mentale afin d'équilibrer ce qui doit l'être dans votre vie.

Autant le dire tout de suite. C'est un domaine dans lequel je n'ai jamais réellement excellé. Devenir maman solo et atteindre les plus hauts échelons dans le monde de la tech est difficilement compatible avec mes activités de coach, d'autrice et de conférencière. Ma philosophie est simple : c'est à chacun de décider quel est son équilibre. Si le vôtre consiste à travailler 60 heures par semaine et d'être pleinement épanouie et en phase avec vos attentes et vos valeurs, c'est ainsi et il n'y a pas à juger. S'il s'agit de travailler 35 heures par semaine et de passer du temps avec sa famille et profiter de ses passions, c'est la même chose. Ce qui importe c'est de mesurer les impacts de votre style de vie selon votre équilibre vie personnelle et vie professionnelle pour anticiper le monde de demain.

Si l'équilibre entre vie professionnelle et vie privée est une composante importante du leadership, la recherche scientifique en sciences sociales ne manque pas pour mettre en lumière les différents facteurs qui impactent cette décision. Dans un article scientifique[14], on apprend notamment que la manière dont vous appréhendez aujourd'hui votre équilibre entre la vie personnelle et professionnelle ainsi que les valeurs professionnelles que vous défendez sont inconsciemment influencées par le rôle de vos parents.

Dans cette étude, les participants qui ont grandi dans des familles où le père était le soutien financier de la famille et travaillait de très longues heures ont fini, volontairement ou non, par intérioriser cette éthique du travail.

14. *« Your Feelings About Work-Life Balance Are Shaped by What You Saw Your Parents Do » ; Harvard Business Review*

L'effet était plus marqué chez les hommes, car si les deux parents ont servi de modèles pour la carrière des participants, les hommes et les femmes ont désigné le parent du même sexe comme l'influence la plus importante sur leurs choix en matière d'équilibre travail-vie privée. Ainsi, les habitudes de travail des pères semblaient avoir très peu d'influence sur celles de leurs filles.

Ayant vu leurs parents travailler dur pendant leur enfance et leur adolescence, ces professionnels étaient enclins à considérer cette situation comme normale. Même lorsqu'ils voulaient agir différemment, cette disposition continuait à façonner leurs actions. En général, on commence à remettre en question l'influence de ses parents sur le comportement travail-famille après avoir réfléchi aux échecs et aux regrets perçus, ou après des événements traumatisants, comme le décès ou la maladie d'un proche. Ces personnes apportent alors des changements significatifs à leur vie, par exemple en refusant de travailler le week-end, en passant à temps partiel, voire en quittant leur entreprise pour un environnement aux horaires plus contrôlables.

Si vous souhaitez atteindre votre plein potentiel en matière de leadership, vous devez donc être consciente de la façon dont votre identité a été façonnée par vos premières expériences. Est-ce que votre mère travaillait ? Comment travaillait-elle ? Devait-elle gérer le foyer en plus de son travail ou les tâches étaient-elles bien réparties avec son conjoint ou mari ? Comment votre regard sur la vie de votre mère influence votre manière de travailler aujourd'hui ?

L'équilibre entre la vie personnelle et la vie professionnelle est aussi un sujet pour les managers, qu'elles aient deux ou deux cents personnes à gérer. Pour les entreprises qui ont développé le travail à distance, en mode hybride ou à temps plein, gérer ses équipes à distance nécessite de revisiter ses compétences en matière de *soft-skills*, car la distance agit comme un révélateur des carences managériales. En effet, la distance ne tolère pas l'improvisation, ne laisse que peu de place au charisme, et exige des postures adaptées de la part des managers pour éviter que le management à distance ne se transforme en mise à distance du management.

Il faut voir le télétravail comme une nouvelle forme d'organisation du travail. Ce n'est pas uniquement un changement de lieu, c'est un changement d'état d'esprit.

Pour que le télétravail fonctionne, il faut savoir fixer des objectifs, donner des marges de manœuvre tout en ayant une plus grande rigueur dans le fonctionnement quotidien. Or, dans les entreprises, nous avons beaucoup de managers à la culture latine qui préfèrent s'organiser en avançant, s'ajuster, voire parfois improviser. Ça peut fonctionner en présentiel, mais pas à distance, car le télétravail nécessite davantage de rigueur.

Dans le cas des réunions, terriblement fréquentes dans les entreprises, en présentiel, c'est un moment de retrouvailles, de discussions informelles, voire de socialisation. On discute quelques minutes autour d'un café en attendant le début de la rencontre, on peut passer d'un sujet à l'autre, on échange sur des projets divers ou simplement sur des sujets personnels. À distance, c'est impossible. Les réunions sont purement fonctionnelles. Elles doivent être courtes, avec un ordre du jour précis, envoyées d'avance, et la prise de parole doit être minutée. Et surtout, elles doivent commencer à l'heure. Il n'y a rien de pire que de patienter devant son ordinateur pendant 5 minutes à ne rien faire. En présentiel, on s'occupera toujours. À distance, on perd du temps et on s'agace - en particulier lorsque les notifications ne cessent de s'agiter, entre e-mails et messages instantanés. Faire preuve de leadership est deux fois plus difficile à distance qu'en présentiel. Il faut non seulement piloter ses équipes sans toujours les voir ou les connaître, mais aussi éviter le présentéisme numérique qui est un facteur associé aux risques psychosociaux.

Tous ces facteurs impactent l'équilibre entre votre vie privée et votre vie professionnelle. Le problème, c'est que c'est aussi un sujet que les femmes n'évoquent pas souvent. Il est admis que les femmes doivent toujours tout donner : le travail, les enfants, le foyer, la famille, etc. Le premier conseil que je vous donnerais est donc de savoir si cette situation vous convient. Pourquoi ne pas faire un audit de votre équilibre de vie ? Essayez de prendre un maximum de recul sur votre routine quotidienne afin de savoir, point par point, ce qui vous plaît, ce qui vous dérange et quelles sont les zones d'amélioration. En général, ce qui ressort c'est de ne pas avoir le temps de tout faire. Nous avons tous 24 heures dans notre journée. La question est donc de savoir comment les gérer au mieux pour atteindre un équilibre qui vous convienne.

Une des solutions réside dans la mise en place d'une meilleure organisation : **supprimez les activités qui ne vous apportent rien** et organisez votre journée de manière plus efficace. Concrètement, à moins que ce ne soit votre métier, vous n'avez sans doute pas besoin de consulter les réseaux sociaux aussi fréquemment au cours d'une journée. Et ce n'est qu'un exemple, car les voleurs de temps sont partout et agissent dans l'ombre. Ce sont toutes ces personnes ou ces actions qui nuisent à votre productivité. Celles à cause de qui vous ne voyez pas vos journées passer et qui vous empêchent de trouver le bon équilibre entre votre vie personnelle et votre vie professionnelle.

Le voleur de temps le plus important est le mode multitâche.

Contrairement à ce que vous pouvez croire, être multitâche ne veut pas dire être productive. Au contraire : cela revient à diviser votre attention par le nombre de tâches entreprises en même temps. Ainsi, vous participez à des réunions tout en répondant à vos e-mails, vous travaillez sur deux sujets à la fois en passant de l'un à l'autre sans en terminer aucun, vous téléphonez en scrollant Facebook, etc. Bref, vous pensez être concentrée, mais en réalité vous êtes distraites et cela peut vous coûter très cher, car vous risquez de passer à côté de certaines informations importantes.

Si jongler avec plusieurs tâches est devenu une seconde nature chez vous, il vous faut donc rééduquer votre cerveau pour apprendre à vous concentrer sur une tâche à la fois. Vous pouvez ainsi fixer un créneau sur lequel vous ne vous occupez de rien d'autre que l'activité en cours. Sur cette période de temps, coupez tout ce qui peut vous divertir (téléphone en mode avion, boîte e-mail fermée, réseaux sociaux déconnectés, etc.). Vous pouvez commencer par des créneaux de 30 minutes, et augmenter la durée au fur et à mesure. C'est une manière de fonctionner qui se rapproche de la méthode Pomodoro, le but étant surtout de ne pas surstimuler votre cerveau afin de garder de l'énergie et de la concentration tout au long de la journée.

De tous les voleurs de temps, le numérique est sûrement le pire. Vous êtes sans cesse sollicitée par des notifications d'e-mails, des réseaux sociaux et d'applications en tout genre. Quand votre téléphone ou votre ordinateur vous laissent tranquille, c'est votre cerveau qui prend le relais. Il vous incite à aller voir ce qu'il se passe sur les réseaux, « rien que cinq minutes ». Et soyons honnêtes, il ne s'y passe souvent pas grand-chose, pourtant cela vient de vous faire perdre une demi-heure.

Une étude[15] de l'université de Californie confirme que nous mettons en

---

15. *« The Cost of Interrupted Work: More Speed and Stress » ; Gloria Mark, Daniela Gudith and Ulrich Klocke*

moyenne 25 minutes pour nous reconcentrer après une interruption. C'est cher payé pour un petit coup d'œil sur Instagram, vous ne pensez pas ? D'autant plus que nous consultons notre téléphone jusqu'à 200 fois par jour ! Pour éviter cette spirale, il faut commencer par ne pas culpabiliser. Céder à l'appel des réseaux sociaux et autres plateformes numériques est normal. Elles ont été créées pour accaparer notre attention. Il faut simplement en prendre conscience, afin d'instaurer un rapport plus sain. Le documentaire Netflix « Derrière nos écrans de fumée », sorti en septembre 2020, est très bien réalisé et vous aidera à comprendre les mécanismes mis en place pour nous rendre accros si vous ne l'avez pas encore vu. En le regardant, vous aurez sûrement envie de supprimer tous les réseaux sociaux. Si vous voulez une solution moins extrême, vous pouvez désactiver les notifications et instaurer des limites de temps sur ces applications.

Enfin, il ne faut pas sous-estimer l'impact d'une mauvaise communication en matière de vol de temps au quotidien. Une incompréhension, par exemple, peut mener à un conflit inutile qui va monopoliser votre attention durant de longues heures. Si vous attendez de vos interlocuteurs qu'ils s'adressent à vous de façon claire, faites de même. Soyez simples, concis, précis et assurez-vous que vos messages soient bien passés. Il vaut mieux un e-mail bien cadré qu'une succession d'échanges apportant des éléments de réponse de manière éparpillée. Montrez l'exemple et vous verrez que toutes vos communications seront plus fluides. Gain de temps assuré !

Optimiser son quotidien est une démarche très utile pour mieux piloter son équilibre. Pour aller encore plus loin, vous pouvez aussi repenser votre quotidien. En tant que jeune maman, je sais à quel point les enfants peuvent être épuisants et capables de faire dérailler une organisation bien huilée. Plutôt que de courir après le temps (et après eux !), il est toujours possible de tenter de le maîtriser en commençant sa journée plus tôt, alors que tout le monde dort.

La méthode de la routine matinale

Le livre « *The 5am club* » de Robin Sharma fait l'éloge d'une routine matinale qui commence tôt, dès 5 heures du matin. Parce que votre capacité mentale n'est pas illimitée, le meilleur moyen de rééquilibrer votre vie est de vous construire une routine matinale efficace. Le matin, l'absence de distraction est la clé. Mais se lever à 5 heures du matin ne suffit pas. Ce qui compte, c'est de savoir ce que l'on peut faire concrètement de ce temps supplémentaire. Robin Sharma évoque alors la formule du 20/20/20. Tous les jours, de 5 heures à 6 heures, vous devez passer 20 minutes à bouger, 20 minutes à réfléchir et 20 minutes pour grandir intellectuellement. Voici son agenda :

- **De 5h à 5h20** : il faut bouger. Le but est de transpirer et de faire un effort intense sans perdre du temps d'aller à la salle de sport (à moins qu'elle soit vraiment en bas de chez vous) : vélo d'appartement, exercices de musculation ou footing... il faut que ce soit bref et explosif.

- **De 5h20 à 5h40** : il faut s'imposer une période de paix et de réflexion. Pratiquez la méditation et réfléchissez à ce qui est important pour vous. Vous pouvez aussi écrire vos pensées dans un journal ou dessiner. Ce qu'il faut, c'est rester calme et apaiser son esprit.

- **De 5h40 à 6h** : c'est le moment de se cultiver et d'apprendre. Consacrez ces 20 minutes pour lire une biographie, regarder un documentaire ou écouter un podcast.

Six heures du matin marque la fin de votre routine matinale. Vous pouvez vous doucher, allumer votre téléphone et préparer le petit-déjeuner pour votre famille. Cette heure passée pour vous, et pour vous uniquement, est une bonne technique pour retrouver un équilibre quand le chaos est proche. L'auteur évoque ensuite une question de fond : se lever tôt, c'est bien, mais à quelle heure se coucher pour être en forme ? Sharma recommande de s'éloigner de tous nos écrans dès 20h et de se coucher à 22h au plus tard.

Tout le monde n'aime pas ou n'a pas envie de se lever tôt. Pourtant, c'est souvent là que nous sommes les plus productifs. Essayez de décaler votre réveil un peu plus tôt de 5 minutes par jour. En deux semaines, vous aurez gagné une heure. Et bien gérée, cette simple heure peut être bien plus efficace qu'une heure en milieu de journée. Dans tous les cas, cette nouvelle routine doit s'appréhender selon votre rythme de vie. Entre corps et esprit, il faut savoir gérer les deux en parallèle, et ne surtout pas culpabiliser en cas d'oublis ou de dérapages ponctuels. Ce n'est pas parce que vous n'avez pas fait votre méditation un matin que votre journée va être catastrophique.

Si la question de l'équilibre entre la vie personnelle et la vie professionnelle est importante en matière de leadership, ce qui compte c'est que celle-ci vous convienne. Il n'existe pas de recette miracle. Simplement des conseils et bonnes pratiques pour prendre soin de vous avant que votre santé mentale n'en pâtisse. Et si vous aimez toujours travailler sur vos dossiers professionnels à 22 heures après avoir pris le temps de faire le point sur votre vie, votre organisation et votre quotidien, et que cela contribue à votre équilibre, ne vous arrêtez pas !

Rencontre avec

Sandrine Conseiller

> " Les gens qui sont assez fous pour penser qu'ils peuvent changer le monde sont ceux qui le font réellement.

Steve Jobs, Apple, Think Different

Sandrine Conseiller a 25 ans d'expérience internationale dans les domaines de la mode et de la beauté. Sandrine a passé 18 ans dans le groupe Unilever où elle a successivement occupé les postes de Directrice Marketing en France, Directrice de l'Audit interne à Mumbai et Directrice Marketing Asie à Singapour. En septembre 2011, elle est nommée Vice-Présidente Globale et rejoint le comité exécutif Hair Care à Londres en prenant la responsabilité de Sunsilk, l'une des « *One billion Brand* » d'Unilever. En août 2015, Sandrine rejoint le groupe familial Maus (MFBG) et le Comité Exécutif de Lacoste en tant qu'*Executive Vice President Branding*, responsable du développement de Lacoste à travers 8 catégories de produits et plus de 120 pays. Elle conduit un repositionnement de la marque fondé sur ses valeurs historiques, qui sera spectaculaire en termes de croissance et porte encore ses fruits aujourd'hui. En mai 2019 elle prend la direction générale de la marque Aigle dont elle amplifie le développement en France et en Asie en capitalisant sur le savoir-faire « made in France » et les valeurs fortes de consommation responsable qui se traduit par le changement de statut d'Aigle en entreprise à mission en 2020. Depuis janvier 2023 Sandrine est co-fondatrice du fonds d'investissement NeoFounders.

Sandrine est membre du Conseil d'administration de Carbios, bio-tech française spécialiste mondial du recyclage des plastiques, de Phildar, de Raise Sherpa, et du Mouvement Impact France.

Sandrine est Chevalière de l'ordre du Mérite. Elle est mariée et mère de 3 enfants.

Kristine : Comment es-tu arrivée là où tu en es aujourd'hui ?

Sandrine : Je pense que ma motivation principale est l'envie de liberté que j'ai depuis toujours. Je suis issue d'un milieu assez simple. La famille du côté de ma mère est issue de l'immigration italienne et est venue en France pour avoir une vie meilleure. Cette idée a infusé en moi afin de construire un état d'esprit me poussant à faire des choses très différentes.

K. : Qu'est ce que c'est la réussite selon toi ?

S. : C'est être en accord avec soi-même et avec ses valeurs. Plus c'est le cas, plus on est performante au travail. C'est une démarche qui m'a pris du temps, et je suis heureuse de l'avoir comprise. On passe trop de temps au travail pour que la réussite soit autre chose que cela !

K. : Qu'est ce que le leadership, selon toi ?

S. : C'est être capable d'entraîner les autres sur une vision commune et de s'effacer ensuite parce que l'équipe qu'on mène est devenue meilleure que soi-même.

K. : Quelles sont les trois qualités d'un bon leader ?

S. : Je dirais courage, sans aucun doute. J'y ajouterais l'empathie et la curiosité.

K. : Comment trouver son équilibre en tant que femme et leader ?

S. : En étant bien accompagnée ! Il faut bien choisir son conjoint, au même titre qu'il faut bien choisir son manager et son entreprise. Quand j'étais enceinte de mon premier enfant, j'étais au début de ma carrière, et je ne mettais pas beaucoup de limites. Je me souviens d'un soir, alors que j'étais fatiguée, où ma patronne m'a dit que ce n'était ni elle, ni l'entreprise qui allaient me mettre des barrières. C'est à moi de savoir quand est-ce que je pars, quand est-ce que je rentre, et quelles sont mes limites. L'entreprise suivra. J'ai vraiment appliqué ce conseil, et je l'ai gardé en tête : c'est à chacune d'entre nous de mettre nos propres limites et il faut le faire savoir ! À titre d'exemple, je n'ai jamais manqué une seule rentrée des classes de mes trois enfants, car c'était un impératif absolu pour moi. J'ai tenu ma ligne de conduite et j'en suis fière. Chaque femme devrait pouvoir choisir ce qui est important pour elle et ne jamais transiger.

K. : Est-ce que tu t'es déjà posé la question d'arrêter de travailler pour t'occuper de tes enfants ?

S. : Je ne me suis jamais posé la question, parce que je voulais être libre. Et pour être libre, il faut être financièrement indépendante. Ça a toujours été très clair de ne jamais faire de compromis sur l'indépendance financière. Par conséquent, je ne me suis jamais posé la question d'arrêter, y compris après la naissance de mon troisième enfant. Il faut être en accord avec son projet de vie, son mode de vie, ses revenus et son emploi. Il faut que tout s'aligne et qu'il n'y ait pas de dissonance. C'est ce que nous avons fait, même si ça n'a pas toujours été facile. Pour réussir dans la vie et en tant que leader, il faut parfois inventer de nouvelles manières de faire. J'inviterais donc chacune à tenir sa ligne si elle est cohérente, l'expliquer et rassurer. C'est toutefois certain qu'en tant que femme, c'est un travail qui demande dix fois plus d'efforts.

K. : De quoi es-tu la plus fière dans ton parcours ?

S. : Je pense que c'est le fait d'avoir donné de l'enthousiasme et de l'énergie à des équipes qui pensaient que sur la marque ou le business où elles étaient, il n'y avait pas de futur possible. Quand on part avec une équipe fatiguée qui ne croit plus en rien, et qui se transforme quand on est capable de la mener avec les bonnes actions, les bons comportements et les bons mots, c'est une sensation collective extraordinaire. De quoi créer des liens humains très forts qui perdurent, même après avoir quitté l'entreprise. A l'inverse, il y a aussi des erreurs desquelles j'ai beaucoup appris. Sur certains projets j'ai pu parfois paraître trop radicale, en termes d'engagement sociétal et environnemental par exemple ce qui motivait énormément les équipes mais pouvait crisper ma hiérarchie. J'ai appris à développer de l'empathie pour l'ensemble des parties prenantes en même temps : les équipes, le *Board*, l'actionnariat et même la planète ! C'est toujours une question d'équilibre à trouver.

K. : As-tu une power pose ou un exercice qui te donne confiance en toi ?

S. : Oui j'en ai plusieurs. Par exemple, avant une présentation ou une rencontre importante, je fais beaucoup de visualisation et me demande ce que je veux donner à voir de moi. Souvent, on transmet des émotions qui vont à l'inverse de notre état psychologique. C'est le cas lorsqu'on veut apparaître calme et posé devant une équipe qu'on rencontre pour la première fois, mais qu'on est stressé et mal à l'aise. La visualisation permet d'aligner l'effet attendu sur son état psychique. La deuxième chose, c'est la remise en contexte. C'est-à-dire dédramatiser la situation. Se dire que même si une situation est compliquée, qu'est-ce qui peut se passer dans le pire des cas ? Au final, on réalise assez vite qu'il est facile de déconstruire des peurs et de ne pas tomber dans une spirale où la peur appelle la peur.

Quand on prend de la hauteur, nos petites actions du quotidien n'ont absolument aucune importance sur la marche du monde. Alors, autant se lancer, faire les choses bien, et ne pas laisser les schémas mentaux négatifs prendre le dessus. ■

Le livre qu'elle nous recommande

C'est un livre qui s'appelle **« You're in Charge. Now What? The 8-Point Plan »** de Thomas Neff. C'est un livre très intéressant parce qu'il prépare à la prise de poste quelle qu'elle soit. Il y a tout une partie qui parle plus des choses du quotidien et c'est ça que j'aime bien. C'est un livre qui m'a beaucoup servi et que j'offre régulièrement.

Chapitre ———————

10.

Développer sa curiosité intellectuelle

L'anecdote de

Kristine

Jusqu'à l'âge de 15 ou 16 ans, je détestais lire. En tant qu'élève disciplinée, je lisais ce qui était nécessaire, mais rien d'autre. Un jour, sans vraiment savoir pourquoi, j'ai décidé de lire un livre de 300 pages qui était l'un des plus ennuyeux de la littérature russe ! Et pourtant, je l'ai lu en entier, et depuis, j'adore lire. Les réflexions liées à ce livre étaient très éloignées de mon quotidien, et la nouveauté m'a intriguée. De plus, je me suis dit que si j'étais capable de lire ce livre, je pourrais à présent lire n'importe quoi !

J'ai alors compris que les connaissances ne sont pas ailleurs que dans les livres (du moins à cette époque), car je ne regardais pas les informations.

Depuis, je lis beaucoup de choses sur différents sujets, et en particulier sur ce que je n'ai pas eu l'habitude d'apprendre. Avec le temps, j'ai aussi commencé à choisir ce qui m'intéressait vraiment. Aujourd'hui, les livres audio ont révolutionné mon quotidien et j'en lis/écoute 3 à 4 par mois. Que ce soit sur le développement personnel, les tendances du business et de la technologie ou les sciences, tout y passe tant que ça m'intéresse. En revanche, je ne lis plus de romans. Je suis désormais abonnée à la revue américaine *Harvard Business Review* depuis 12 ans, ainsi qu'à Vogue Magazine car j'aime la mode et la culture. C'est une manière de tester et d'expérimenter pour enrichir ma curiosité intellectuelle.

Est-ce que vous connaissez le terme de « **neurosexisme** » ?
C'est un concept qui consiste à utiliser la science pour justifier des différences de comportements entre les hommes et les femmes selon la manière dont serait structurée le cerveau. Le pire, dans ce domaine, est sans doute le *best-seller* « Les hommes viennent de Mars, les femmes viennent de Vénus » de John Gray. Cet ouvrage empreint de sexisme ordinaire sorti en 1992 a balisé le terrain des relations hommes-femmes pendant des années, tant il emprisonne hommes et femmes dans des clichés dignes d'un autre siècle.

L'histoire de la recherche sur les différences entre les sexes est truffée d'erreurs d'énumération, d'interprétations erronées, de biais de publication, de faible puissance statistique, de contrôles inadéquats et pire encore. Lorsqu'une étude sur le cerveau prétend découvrir une différence entre les hommes et les femmes, elle est rendue publique sous le titre du style « Enfin la vérité ! », venant défier le politiquement correct avec des chercheurs qui exposent une extrapolation exagérée ou un défaut de conception fatal. Dans un article[16] de la revue Nature, on y apprend pourtant qu'une étude scientifique solide[17] conclut que les différences cérébrales liées au sexe ne se sont pas matérialisées. Les neuroscientifiques modernes n'ont identifié aucune différence décisive, définissant une catégorie, entre les cerveaux des hommes et des femmes.

Cette étude commence par une citation de 1895 du psychologue social Gustave Le Bon, qui a utilisé son céphalomètre portable pour déclarer que les femmes représentent les formes les plus inférieures de l'évolution humaine. Sympathique, n'est-ce pas ? Mais le pire, c'est qu'elle se termine en 2017, avec James Damore, ingénieur chez Google, qui parle sur son blog à ses collègues des causes biologiques de la pénurie de femmes dans la technologie et les rôles de manager. La chasse aux preuves de l'infériorité des femmes s'est plus récemment transformée en chasse aux preuves de la complémentarité

---

16. « *Neurosexism: the myth that men and women have different brains* » ; Nature, *février 2019*
17. « *The Gendered Brain: The New Neuroscience That Shatters The Myth Of The Female Brain* »

homme-femme. Ainsi, selon cette ligne de pensée, les femmes ne sont pas vraiment moins intelligentes que les hommes, mais simplement différentes d'une manière qui coïncide avec les enseignements bibliques et le statu quo des rôles de genre. Ainsi, les cerveaux des femmes seraient câblés pour l'empathie et l'intuition, tandis que les cerveaux des hommes seraient optimisés pour la raison et l'action. Là encore, il n'y a rien de plus faux et la lecture de cette passionnante étude vous le confirmera.

Les différences imaginées entre les cerveaux des femmes et des hommes sont donc plus une question sociale que scientifique. Parce que la femme doit rentrer dans un cadre qui a été construit depuis des siècles par des hommes pour une société dominée par les hommes, elle doit répondre à des attentes qui sont profondément ancrées en elle et transmises de génération en génération. Si les choses changent avec le temps, l'éducation, les connaissances scientifiques et le numérique, elles ne changent pas assez vite.

Pourquoi une femme devrait parler chiffon plutôt que business ? Pourquoi une femme serait moins légitime dans l'économie et la finance et plus à sa place dans la mode ou la cosmétique ?

Cette construction mentale doit être déconstruite pour affirmer la place des femmes et leur leadership dans notre société et vous avez un rôle à jouer !

Développer votre curiosité intellectuelle n'est pas seulement un moyen un peu égoïste pour vous de grandir professionnellement en vous exposant à des idées nouvelles. C'est aussi un moyen plus altruiste de vous affirmer en tant que femme dans un monde d'hommes. Pour cela, il est essentiel d'aiguiser votre esprit, car vous en aurez besoin au quotidien. Cela veut dire s'ouvrir à des sujets, des connaissances ou des problématiques nouvelles auxquels vous n'imaginiez pas vous intéresser un jour. Lecture de livres sur le management, écoute de podcasts, visionnage de documentaires sérieux, discussion avec des experts... c'est à vous de vous former en continu pour assumer votre leadership.

Si vous avez déjà passé du temps avec un enfant de cinq ans (le vôtre ou celui de vos amis ou familles), vous savez que les enfants posent beaucoup de questions. Tout, de la couleur du ciel au nombre de doigts de leurs mains, peut éveiller leur curiosité. Ils sont épuisants, car ils veulent tout savoir, mais ils sont aussi incroyablement inspirants, justement parcequ'ils veulent tout savoir. En grandissant, nous avons tendance à perdre cette soif de connaissance et d'apprentissage. Nous avons tendance à accepter les choses telles qu'elles sont, et à ne plus nous interroger. Or, c'est justement bien là qu'est le problème.

Développer votre leadership implique nécessairement de continuer à vous demander pourquoi.

Pour y parvenir, vous devez développer votre curiosité. Plus vous êtes curieuse, plus vous collectez toutes sortes d'informations et mieux vous serez armée pour réagir à des situations changeantes. Une bonne stratégie pour y parvenir est expliquée dans le livre « *A Curious Mind* » de Brian Grazer et Charles Fishman. C'est ce que les auteurs appellent des conversations de curiosité. Ce sont des conversations qui n'ont pas de but précis, mais qui vous serviront de manière inattendue.

N'hésitez pas à multiplier les rencontres et à poser des questions. Intéressez-vous aux gens, même (et surtout), s'ils ne sont pas du même milieu ou ne travaillent pas dans le même secteur d'activités que vous. Plus vous vous intéresserez aux autres, plus vous multiplierez des sources d'inspirations qui viendront actionner des idées nouvelles. Rester curieuse vous permet de vivre des expériences intéressantes et d'ouvrir de nombreuses portes.

Rencontre avec

Laurianne Le Chalony

« *Ad astra per aspera* » :
aller plus haut malgré les obstacles

En tant que Chief People Officer du Groupe EcoVadis, agence de notation en développement durable, Laurianne peut compter sur ses 15 ans d'expérience en ressources humaines, transformation organisationnelle et digitalisation des RH. Avant de rejoindre EcoVadis, elle a passé une décennie dans l'industrie de la technologie à diriger des fonctions RH régionales et mondiales, en tant que DRH chez Atos pour l'Amérique du Sud, DRH groupe chez Linedata et directrice groupe des rémunérations et avantages, du système d'information sur les ressources humaines et du développement chez Bull. Elle est administratrice indépendante de plusieurs Conseils d'administration.

Kristine : Comment es-tu arrivée là où tu en es aujourd'hui ?

Laurianne : C'est sans doute lié au fait que j'ai toujours osé et que je ne me suis pas mis de limites dans la vie. On m'a toujours montré qu'il était possible d'aller toujours plus loin dans toutes les situations. Concrètement, en début de carrière, alors que j'étais une petite jeune sans expérience, j'ai toujours posé des questions même s'il y avait des choses que je ne comprenais pas. Je n'ai jamais eu peur de m'affirmer et de toujours poser la question « pourquoi ? ». Poser des questions permet de comprendre ce qui se passe et de remettre en question le statu quo. Je pense qu'il faut aussi aller chercher des conseils à chaque fois que c'est possible, y compris auprès des managers et directeurs au niveau exécutif. Dans l'ensemble, les gens sont souvent bienveillants et aiment partager des conseils. Enfin, je n'hésite jamais à reconnaître mes erreurs. Quand je n'ai pas une réponse à une question, je l'assume aussi. J'essaie d'être entière et transparente pour créer de vraies relations de confiance.

K. : Qu'est ce que la réussite, selon toi ?

L. : C'est vraiment quelque chose qui est propre à chacun avec des interprétations différentes. Pour moi, c'est assez simple, car il s'agit d'être heureuse là où je suis. La réussite, c'est une photographie à un moment donné. Je peux être heureuse aujourd'hui et ce ne sera peut-être plus le cas dans un an. La réussite est aussi un questionnement permanent qui est lié à un projet de vie. Ce qui compte, c'est que ma réussite ne se fasse jamais au détriment des autres.

K. : Qu'est ce que le leadership, selon toi ?

L. : C'est toujours difficile de répondre à cette question, mais je pense que le leadership, c'est vraiment la capacité à embarquer les gens avec soi. Et pour cela, il n'y a pas besoin d'être manager. Il ne faut pas confondre leadership et management ou hiérarchie. On peut être une bonne leader à tous les niveaux de l'entreprise. Quant au leadership au féminin, je ne sais pas s'il existe comme une entité à part entière. La différence serait sans doute liée au fait que les normes sociales ont imposé aux femmes d'être moins spontanées, et de plus intellectualiser leur prise de décision.

K. : Quelles sont les trois qualités les plus importantes pour une leader ?

L. : Je pense qu'il faut oser dans toutes les situations. C'est important de sortir de sa zone de confort, d'expérimenter et de multiplier les expériences. Il faut aussi faire preuve d'une bonne capacité d'adaptation pour naviguer dans l'incertitude, et pour collaborer avec des personnalités très différentes. Enfin, l'humilité est un critère très important pour devenir une leader.

K. : On dit souvent que les femmes manquent d'ambition, qu'en penses-tu ?

L. : Je ne suis pas du tout d'accord, notamment parce que je suis entourée de femmes extrêmement ambitieuses. Toutefois, il faut faire la différence entre ambition et visibilité. Il existe des leaders inspirantes et très qualifiées qui préfèrent travailler dans l'ombre pour régler des problèmes, organiser des situations et porter une équipe sans nécessairement se mettre en avant. Une leader n'est pas qu'une personne qui prend toute la lumière et il faut respecter toutes

les personnalités. On peut être très ambitieuse sans aimer se mettre en avant. De plus, on n'a pas toujours besoin d'ambition pour réussir. Par contre, je pense qu'on a besoin de passion. Il faut de l'engagement, de la motivation et de la passion. Ce sont des qualités qui passent notamment par le développement d'une bonne curiosité intellectuelle.

K. : C'est-à-dire ?

L. : La curiosité intellectuelle, c'est le fait d'avoir une ouverture d'esprit, de se remettre en question, et de poser les bonnes questions. Elle permet de mieux comprendre l'environnement dans lequel on évolue pour mieux s'adapter. Pour cela, il faut s'intéresser à ce qu'on vit. Quand je me suis installée au Brésil, je ne parlais pas portugais, mais j'avais lu énormément de livres sur le sujet. J'ai appris à connaître les plus grands auteurs locaux, les musiques populaires, l'histoire, les grandes références culturelles, etc. Je me suis abonnée aux journaux locaux, parce que je ne peux pas vouloir devenir DRH de mon entreprise pour la zone Amérique du Sud et arriver dans un pays que je ne connais pas, sans avoir de références locales. C'est ça la curiosité intellectuelle : vouloir s'intégrer et s'informer d'un nouvel environnement avec ses codes, ses normes et ses différences. C'est d'ouvrir toutes les portes qui se présentent à nous, quelles que soient les circonstances et les situations. Par exemple, je me force à lire la presse people, alors que ça ne m'intéresse pas du tout. Sauf que quand mon entourage me parle des sujets people, je ne suis pas du tout au niveau, et je ne veux surtout pas les prendre de haut ou faire preuve de condescendance mal placée. Alors, je vois cela comme une occasion d'apprentissage pour comprendre ce qui les intéresse et poser des questions. C'est quelque chose qui vient de mon enfance. Avec mes trois frères, nous lisions beaucoup à la maison et nous avons grandi dans une maison avec beaucoup de livres. Nos parents nous faisaient écouter des musiques très variées, ils nous parlaient de l'artiste, du contexte historique, etc. Je pense que ça a contribué à développer une forme de culture et de curiosité.

K. : De quoi es-tu la plus fière dans ton parcours ?

L. : Je suis fière des équipes qui m'entourent, de les voir se développer et grandir, de prendre des super postes et d'avoir des promotions. Je suis une manager exigeante et je dis vraiment les choses, ce qui est assez apprécié pour créer une communauté soudée et positive. ■

Le livre qu'elle nous recommande

« *The culture map* » d'Erin Meyer. Ce livre m'a aidé me rendre compte des différences culturelles, de rester adaptable et ouverte d'esprit.

PARTIE

Chapitre 11 : Coach, mentor, sponsor

Chapitre 12 : Comment créer son réseau ?

Chapitre 13 : Comment entretenir son réseau ?

Chapitre 14 : Travailler sa visibilité et sa réputation

Chapitre 15 : Explorer les réseaux thématiques

CULTIVEZ
VOTRE
RÉSEAU

"

Vous n'êtes jamais trop petite pour faire la différence.

Greta Thunberg,
Activiste

Le networking, de quoi parle-t-on ?

Quel que soit votre niveau de séniorité ou d'expérience dans votre entreprise, le *networking* peut être intimidant avec ses petites discussions et la nécessité de nouer rapidement des contacts.

Et pourtant, il est essentiel à la réussite professionnelle et au développement d'un leadership puissant. La bonne nouvelle, c'est que vous pouvez en prendre le contrôle et vous épanouir en élargissant votre réseau professionnel et social. Avec les bonnes amorces de conversation, la capacité de naviguer dans l'inconnu et de parler avec confiance, vous avez les bonnes cartes en main pour vous lancer.

En y mettant du vôtre, il est possible de développer et d'entretenir votre réseau, et c'est une démarche qui demande d'accepter le fait qu'il est nécessaire de donner avant de recevoir. Cela veut dire écouter avant de parler, proposer son aide avant d'en demander, et s'intéresser aux autres avant de se vendre. Et le jeu en vaut très largement la chandelle : votre réseau est un point d'ancrage décisif vers le monde extérieur et un outil pour toujours voir plus loin en société ou dans le monde professionnel.

Le *networking* est important pour toutes les femmes - en particulier pour celles qui souhaitent devenir des leaders dans leur organisation ou dans leur secteur.

Un réseau professionnel bien construit et entretenu peut être l'un des outils les plus puissants pour votre leadership.

Chapitre

11.

Coach, mentor, sponsor

L'anecdote de

Kristine

Dans les entreprises aujourd'hui, c'est devenu presque normal d'avoir un mentor et un coach. J'ai eu la chance d'en avoir eu plusieurs - hommes comme femmes. Lucia, qui témoigne au chapitre 4 de cet ouvrage, est d'ailleurs ma dernière mentor. Elle m'a ouvert son réseau, elle m'écoute, me conseille et m'aide aussi à retrouver un équilibre quand je suis trop submergée.

Avec le temps, je réalise que j'ai toujours eu des mentors et des coachs sans toutefois structurer ou formaliser la démarche. Ce sont des gens qui m'ont aidé, conseillé, et qui ont travaillé avec moi pour m'aider à progresser dans ma vie personnelle comme dans ma vie professionnelle.

Je n'ai jamais été intimidée à demander des conseils professionnels.

J'entends souvent les filles dire : je ne vais pas demander, car je ne veux pas que la personne me dise non ou parce que j'ai peur qu'elle n'ait aucun intérêt pour moi. Or, si tout le monde n'est pas fait pour être coach ou mentor, maintenant que je le suis moi-même, je réalise que la question n'est pas dans le manque d'intérêt, mais dans le manque de temps. Globalement, tout le monde apprécie discuter, conseiller, aider, et partager, parce que cela engendre deux grandes satisfactions. La satisfaction d'aider et le fait que cela nous aide à grandir nous aussi.

D'ailleurs, si vous ne vous sentez pas à l'aise de demander du coaching ou du mentoring, vous pouvez proposer du *reverse mentoring* : c'est du donnant/donnant et vous ne vous sentirez pas redevable.

Pour avoir été mentor et mentorée au cours de ma carrière, je vois le mentoring comme un support indispensable pour bien progresser dans sa vie professionnelle et pour développer son leadership. Il s'agit d'une relation entre deux personnes qui est basée sur la confiance et la transparence afin d'échanger des conseils, de bonnes pratiques, et des retours d'expériences à forte valeur ajoutée. Mais il faut aussi aller au-delà : un bon mentor doit être capable d'agir, de lancer des défis, et d'ouvrir son carnet d'adresses. Le but n'est pas uniquement de partager des informations d'un ton professoral. Or, c'est bien souvent l'image qu'on peut avoir d'un mentor qui aime s'écouter parler sans se soucier de savoir si ses histoires peuvent apporter quelque chose à la personne qu'il est censé accompagner.

Le mentoring, tout comme le coaching, n'est pas une qualité innée. Ça s'apprend. Il faut savoir écouter, rassurer et poser les bonnes questions. Par leur intelligence émotionnelle et leur sensibilité, certaines personnes sont naturellement plus enclines à endosser ce rôle. Un mentor ou un coach est une personne de confiance qui a envie de transmettre et d'accompagner. Ne le faites pas si vous n'avez pas envie de le faire. Il ne faut pas confondre un manager et un mentor. J'ai vu d'excellents managers être de piètres mentors. Le rang social ou les qualités professionnelles ne font pas tout.

Pour développer votre leadership, je vous invite à la fois à accompagner des personnes à l'intérieur ou à l'extérieur de votre organisation, mais aussi à toujours chercher un mentor ou un coach qui pourra vous accompagner, et qui, là aussi, n'est pas forcément un collaborateur de votre entreprise. Idéalement, c'est au salarié de choisir son mentor ou son coach lorsqu'il commence à se familiariser avec les personnes de son entreprise. C'est avant tout une question d'appétence et de « feeling ». Il faut que la connexion se fasse de manière simple, claire et franche. Mentor et coach sont des personnes de confiance. Elles doivent garder confidentiel tout ce qui est discuté et ne jamais trahir ou partager les propos échangés. Elles doivent savoir écouter : c'est au salarié de faire preuve d'initiative, de prendre son destin en main et de préparer les sujets qu'il souhaite aborder.

En matière d'accompagnement, on parle souvent de plusieurs termes comme mentor, coach ou support. Ce sont trois rôles bien distincts dont les définitions, les rôles et les zones de compétences se recoupent parfois.

Le mentor

De manière schématique, un mentor est une personne qui partage ses connaissances, ses compétences et/ou son expérience, afin d'aider une autre personne à se développer et à grandir. La relation avec un mentor est souvent informelle et non tarifée. Dans les entreprises, le mentor peut ainsi être un manager d'un autre service (pour éviter les conflits d'intérêts), qui est là pour vous guider dans le cadre de votre progression de carrière.

Le coach

Un coach est une personne qui conseille un client sur ses objectifs et l'aide à atteindre son plein potentiel. Je parle bien de client, car un coach est généralement un professionnel qui est rémunéré pour son service (ou qui peut être payé par l'entreprise qui le propose alors comme un avantage social à ses salariés pour les aider à grandir). Il y a donc une relation plus formelle, qui peut, d'une certaine manière, ressembler à celle d'un thérapeute avec un patient.

Le support

Un support est une personne dans les entreprises qui vient régler un problème ou apporter aides et conseils selon le contexte. Cela peut être une personne qui vient désamorcer une relation conflictuelle, qui vient accompagner la mise en place d'une nouvelle initiative, ou qui se concentre sur une dimension particulière (promouvoir la diversité, fidéliser les jeunes diplômés, etc.). La notion de support est très vague et sa définition varie bien souvent d'une entreprise à l'autre selon les programmes en place et la culture des organisations, c'est pour cela que je ne m'étendrai pas dessus.

> **Mentorat et coaching représentent les deux démarches les plus cadrées qui peuvent vous aider à développer votre leadership.**

Dans les réunions de mentorat, il est probable que ce soit le mentor qui parle le plus, alors que dans le coaching, c'est plutôt le coach qui pose des questions et donne à la personne qu'il accompagne l'espace nécessaire pour réfléchir et parler le plus possible. En fin de compte, le coaching et le mentorat ont pour but de vous aider à atteindre vos objectifs en tirant parti de leur expérience.

Le mentorat est souvent à plus long terme, certaines relations de mentorat pouvant durer plus de six mois, et dans certains cas, le mentorat peut durer des années, voire des décennies. En fait, certains mentors et mentorés célèbres citent même des relations de mentorat à vie. C'est notamment ce qu'on retrouve dans le livre « *Trillion Dollar Coach* » d'Eric Schmidt, Jonathan Rosenberg et Alan Eagle, qui rendent hommage à Bill Campbell, un coach et mentor dont les conseils et la perspicacité ont aidé certaines des plus brillantes entreprises de la Silicon Valley. Ancien entraîneur de football issu de la classe ouvrière, parachuté en Californie à l'âge de 43 ans, Bill Campbell n'était pas exactement la star attendue de la Silicon Valley. Mais cela ne l'a pas empêché de devenir l'un des plus importants gourous du monde des affaires. Grâce à sa passion et à ses conseils directs, Bill Campbell a aidé une série de start-ups à conquérir le monde et à générer des milliards de dollars de revenus.

Comme le montre cet exemple, il est important de noter qu'aucune qualification n'est requise pour le mentorat, ce qui signifie qu'il est facile pour les entreprises de lancer rapidement des programmes adaptés. Une formation au mentorat est souvent recommandée, mais elle n'est certainement pas obligatoire et très peu de qualifications en mentorat sont proposées, par rapport aux qualifications en coaching.

Mentorat
Coaching
lequel
choisir ?

Le mentorat est directif. Il s'agit pour le mentor de partager ses connaissances, son expérience et ses compétences, d'en parler au mentoré et de le guider dans sa démarche. En général, le mentorat est moins structuré que le coaching et, bien qu'il soit recommandé d'avoir un ordre du jour et des objectifs pour la réunion de mentorat, c'est au mentoré qu'il incombe de les mettre en place, contrairement au coaching qui suit généralement une structure plus rigoureuse.

À l'inverse, le coaching est souvent à plus court terme. Il existe des formations au coaching et de nombreuses qualifications sont disponibles. Elles sont presque toujours nécessaires et certainement recommandées pour être un coach vraiment efficace. Contrairement au mentorat, le coaching est non directif, ce qui signifie qu'il s'agit de poser les bonnes questions, d'offrir l'espace, la confiance et l'assurance nécessaires à la personne coachée pour qu'elle réfléchisse à la manière dont elle peut réaliser davantage, atteindre ses objectifs et affirmer ses propres capacités. Le coaching est alors axé sur la performance et encourage la ou les personnes coachées à être plus performantes dans leurs rôles quotidiens.

Savoir si vous avez besoin d'un mentor ou d'un coach est une première étape importante. Savoir si vous souhaitez que votre mentor ou coach soit issu de votre entreprise en est une deuxième. En effet, pour des questions de confidentialité, ou pour libérer totalement la parole, il est souvent plus facile de s'adresser à une personne tierce. Et si cette personne tierce est une femme qui mentore ou coache d'autres femmes, c'est encore mieux.

Pour savoir comment trouver un bon mentor ou un bon coach, en particulier en dehors de votre organisation, il est important de prendre le temps de bien faire ses devoirs et de ne pas se précipiter. Il ne s'agit pas de trouver quelqu'un qui a exactement votre expérience du terrain, mais plutôt de trouver quelqu'un qui a accompli de grandes choses dans sa carrière. Pour cela, ouvrez-vous à des personnes que vous admirez dans différents secteurs. Elles doivent être expérimentées et bien informées, mais elles doivent aussi être des personnes qui sont restées fidèles à leur personnalité authentique, et qui ont été suffisamment ingénieuses, créatives, motivées et stratégiques pour surmonter de nombreux obstacles. Demander à quelqu'un d'être votre mentor est un honneur, alors ne soyez pas timide ! Cela signifie que non seulement vous admirez le chemin de vie qu'elle a choisi, mais que vous lui faites suffisamment confiance pour suivre ses conseils ! Beaucoup de personnes ne se sentent pas très influentes dans leur vie quotidienne, c'est donc une grande chance pour elles d'avoir un impact. Les gens aiment aider les autres plus que vous ne le pensez. Tendez la main aux personnes qui ont des intérêts similaires aux vôtres et voyez si elles seraient intéressées pour vous aider à tracer votre propre chemin.

Pour gagner du temps, vous pouvez aussi vous tourner vers les coachs professionnels. Ce sont des personnes qui disposent d'une grande expérience et qui sont capables de disposer d'une bonne prise de recul pour vous aider. Choisir un ou une coach est un peu comme choisir un thérapeute. Il faut prendre son temps et s'assurer de créer une relation de confiance. N'oubliez pas que c'est vous qui recrutez votre coach, et il faut être sélectif. C'est une personne à laquelle vous allez confier des choses parfois intimes ou personnelles. La confiance est la clé. Au moindre signal d'alerte, prenez du recul et évaluez la situation. Est-ce que cette personne est un bon coach ou un bon mentor pour vous ? Pourquoi ? Comment ? Êtes-vous suffisamment à l'aise avec elle ? Est-elle suffisamment crédible pour vous apporter ce dont vous avez besoin ?

Pour savoir si vous avez choisi la bonne personne, il est important de noter les caractéristiques qui font la différence entre un bon et un excellent coach ou mentor. Un excellent coach ou mentor ne se sent pas menacé par votre réussite; il en est fier. Il n'essaie pas de vous concurrencer, mais de vous élever. Il ne s'intéresse pas seulement à votre réussite, mais s'y investit totalement. Lorsque vous réussissez, il réussit aussi. Il sait comment vous motiver, vous mettre au défi d'en faire plus, il voit les points à améliorer et est totalement honnête avec vous, toujours en étant dans le respect.

Il n'y a pas d'âge pour travailler avec un coach ou un mentor. C'est une démarche que vous pouvez accomplir en début, milieu ou fin de carrière, que vous soyez une leader épanouie et respectée ou que vous souhaitiez le devenir. Ce qui compte, c'est de se lancer.

Rencontre avec

Sandrine Godefroy Evangelista

"

Demain il fera jour.

Proverbe africain

Fondatrice et CEO du cabinet à mission *Leaders for a Good Planet*, Sandrine accompagne la surperformance durable et le leadership des solopreneurs/ entrepreneurs, des managers et des dirigeants des organisations publiques et privées, de la vision stratégique au passage à l'échelle opérationnelle. Avec plus de 25 ans d'expérience de directrice de l'innovation et de la transformation digitale aux comex de grands groupes, elle a accompagné plus de 700 personnes depuis 2005 en tant que coach exécutif.

Kristine : Qu'est ce que la réussite, selon toi ?

Sandrine : C'est de trouver son équilibre entre qui on est en tant que personne et qui on est dans ses différents rôles, que ce soit sur le côté professionnel, mais aussi en tant que mère et épouse. Tous ces rôles m'habitent au quotidien et ça n'aurait pas de sens de réussir uniquement sur le plan professionnel en mettant le reste de côté. La réussite est vraiment quelque chose de global avec la sensation d'être à la bonne place au bon moment et alignée avec mes valeurs et ma personne. La réussite est un long chemin qui peut prendre du temps à se mettre en place.

K. : Comment es-tu arrivée là où tu en es aujourd'hui ?

S. : Je crois que la première qualité c'est le courage d'être soi. On m'a souvent dit qu'il ne faut pas être trop exigeante, qu'on ne peut pas tout avoir dans la vie et qu'il faut se contenter de ce qu'on a.

Je m'inscris en opposition totale avec cette vision. J'ai quitté des postes très rémunérateurs parce que je ne me sentais pas heureuse et pas à ma place. À un moment, j'ai eu le courage dans ma vie de remettre en question ma situation professionnelle, mon couple et mes choix de vie. J'ai changé de job, créé ma première entreprise et divorcé. Ça a été de gros choix personnels, parce qu'à l'intérieur de moi, j'avais ma petite voix qui me disait que je suis sûre que c'est possible. Pour avancer dans la vie, je me suis toujours faite accompagner. Je suis coach depuis 17 ans et j'ai commencé à m'intéresser au coaching, parce que je me suis faite coacher dans ces moments-là. Je pars du principe qu'on est toujours plus intelligents à plusieurs, et qu'il ne faut pas hésiter à aller chercher de l'aide.

K. : Qu'est ce que le leadership, selon toi ?

S. : Je pense qu'il faut faire attention à ne pas trop simplifier. Je me sens profondément féministe, mais je ne me sens pas en opposition avec des hommes. S'il y a un vrai plafond de verre pour les femmes dans le milieu professionnel, aujourd'hui on a l'occasion de changer complètement les règles du jeu. C'était peut-être utopique il y a 20 ans, mais la société évolue et nous avons des opportunités incroyables que nos aînées n'avaient pas. Nous pouvons faire bouger les lignes, s'entraider, changer d'état d'esprit, et adapter nos schémas mentaux pour ne pas reproduire les exemples du passé. Il ne faut pas attendre que les choses se passent. C'est sans doute un peu ça aussi le leadership au féminin.

K. : Comment savoir si on a besoin d'un mentor ou d'un coach ?

S. : C'est difficile, car tant qu'on n'a jamais échangé avec un mentor ou un coach, on ne peut pas le savoir. Ils ouvrent des portes dont on ignore tout. Je conseille de commencer par poser la question au service des ressources humaines de son entreprise afin de savoir s'il y a un programme qui existe. Il y a souvent des budgets consacrés à l'accompagnement et ça serait dommage de s'en priver. Souvent, il existe des dispositifs de coaching pour le top et le middle management et des initiatives de mentoring pour les autres managers. On peut aussi décider de cheminer à titre individuel, notamment pendant les phases de transition afin de nourrir sa réflexion. À titre d'exemple, quand une personne intègre un nouveau poste à responsabilité, être suivi par un coach durant les 100 premiers jours est une bonne pratique pour partager la charge mentale, mettre en place des bonnes pratiques et éviter les erreurs les plus courantes. Personnellement, je me suis toujours faite accompagner à chaque changement d'emploi.

K. : Comment trouver le bon coach ?

S. : Je conseille de regarder du côté des associations professionnelles de coach qui tentent de structurer les choses. Le problème, c'est que le métier de coach n'est pas réglementé et que n'importe qui peut se prétendre coach. On peut aussi demander à son service RH ou faire jouer le bouche-à-oreille. Ce qui compte c'est d'avoir un coach avec une charte éthique claire et partagée.

K. : Est-ce que le coaching est un truc de fille ?

S. : Absolument pas ! Au cours de mes 17 années de carrière en tant que coach, j'ai accompagné 80 % d'hommes et 20% de femmes. Ça peut s'expliquer en raison des inégalités dans les fonctions de top-management, mais même si je voulais inverser ce pourcentage, ce n'est pas si simple. Par expérience, je dirais qu'un homme n'a pas de freins à demander de l'aide et à se faire payer un coach par l'entreprise. À l'inverse, les femmes sont moins à l'aise dans cette démarche et vont davantage financer un coaching sur leurs deniers personnels. Quand je coache un homme, je travaille avec un professionnel qui a un objectif clair et qui voit le coaching comme un outil pour progresser dans sa carrière. Quand je travaille avec une femme, je coach une communauté et un écosystème. Elles partagent, elles en parlent et n'hésitent pas à remettre en question les idées reçues sur le coaching. C'est pour cela, que j'ai récemment choisi de ne coacher que des femmes afin d'aller dans une démarche plus profonde, presque introspective, par rapport à un homme qui prend et applique un outil et une méthodologie.

K. : De quelle erreur as-tu appris le plus ?

S. : J'ai fait beaucoup d'erreurs et je vais en faire d'autres, mais la pire était de partir dans une hyper croissance que je n'ai pas maîtrisée sur le plan professionnel. J'étais trop optimiste sur la gestion de mon temps et je me suis pris un mur. Maintenant, je fais beaucoup attention.

K. : Quel est ta power pose ?

S. : Ce qui m'aide à passer à l'action, c'est d'aller nager ! Quand je vois que je n'avance pas ou que je ne suis pas dans un bon état d'esprit, je ne force pas. Je pose tout et je vais nager. Au bout d'une heure, je reviens et j'ai les idées claires. ∎

Le livre qu'elle nous recommande

Michel Serres « **Petite Poucette** ». C'est un livre qui aide à la compréhension du monde dans lequel on vit. Ce mode qui a été profondément transformé par le numérique dans nos relations interpersonnelles.

Chapitre

12.

Comment créer son réseau ?

L'anecdote de

Kristine

Déménager souvent aide à s'ouvrir à beaucoup de nouvelles choses, mais force aussi à créer de nouveaux réseaux à chaque fois. Quand je suis arrivée en France, je n'avais aucun réseau, et aucun autre choix que de le créer. J'ai commencé par un stage chez Danone dans le cadre de mon Mastère spécialisé. C'était franchement génial : une belle entreprise et de belles responsabilités. Néanmoins, je savais à l'époque que je voulais aller vers le marketing B2B et je devais m'organiser en conséquence. J'ai alors commencé à créer un réseau : j'organisais des déjeuners dans l'entreprise et je demandais à chaque personne de me recommander une autre personne en dehors de l'entreprise. Un jour, une dame absolument géniale m'a parlé d'un directeur d'agence marketing qu'elle connaissait. Elle m'a donné son numéro et m'a conseillé de l'appeler de sa part. Je l'ai littéralement harcelé pendant plusieurs semaines jusqu'à ce qu'il accepte de déjeuner avec moi.

Pendant notre rencontre, il m'a demandé pourquoi cet empressement à le rencontrer. Il était très surpris de ma démarche. Je lui ai alors expliqué que je devais me créer un réseau professionnel en France si je voulais décrocher le job de mes rêves. J'avais un objectif d'une nouvelle rencontre par mois et ça marchait super bien. Quant à la formule du déjeuner, c'est une approche qui fonctionne bien, car cela permet de faire connaissance de manière conviviale et sans pression. Je posais des questions, je ne demandais pas de travail, et j'essayais de comprendre le métier de chaque personne que je rencontrais tout en expliquant mes compétences.

Cette relation a duré plus de six mois où l'on déjeunait de temps à autre et l'on se donnait quelques nouvelles. Puis un jour, il m'appelle pour me dire qu'il a un job à me proposer. Entre-temps, j'étais rentrée chez Alcatel-Lucent et j'aimais mon travail. Je ne suis pas allée rejoindre son agence, mais nous sommes restés en contact. J'étais surtout heureuse d'avoir réussi ma démonstration et prouvé l'efficacité de ma méthode avec patience et détermination.

Ce n'est pas ce que vous connaissez qui compte, mais qui vous connaissez.

Que vous le vouliez ou non, le travail en réseau est une nécessité pour votre leadership. Les réseaux professionnels permettent de multiplier les opportunités d'emploi et d'affaires, d'élargir et d'approfondir vos connaissances, d'améliorer votre capacité d'innovation, de progresser plus rapidement et d'acquérir un statut et une autorité plus importants. L'établissement et le maintien de relations professionnelles améliorent également la qualité du travail et augmentent la satisfaction professionnelle. Un article paru dans la revue *Harvard Business Review*[18] souligne d'ailleurs **quatre stratégies utiles** qui pourront vous aider à changer d'état d'esprit quand on parle de *networking* afin que vous puissiez en tirer le meilleur.

1. Se concentrer sur ce que vous pouvez en tirer

Prenez l'exemple d'une activité sociale liée au travail à laquelle vous vous sentez obligée d'assister. Vous pouvez vous dire : « Je déteste ce genre d'événements. Je vais devoir me mettre en scène et faire semblant d'aimer ça ». Ou vous pouvez vous dire : « Qui sait, ça peut être intéressant et quand on s'y attend le moins, on a une conversation qui fait surgir de nouvelles idées et qui mène à de nouvelles expériences et opportunités. » En faisant basculer vos schémas mentaux en mode positif et en gardant l'esprit ouvert, vous serez plus à même de profiter et d'apprécier ces événements.

2. Identifier les intérêts que vous pouvez avoir en commun avec les personnes que vous allez rencontrer

Cela vous permet de rendre le *networking* plus acceptable et de réfléchir à la façon dont vos intérêts et vos objectifs s'alignent avec ceux des personnes que vous rencontrez afin de forger des relations de travail à plus forte valeur ajoutée. Si votre réseau est motivé par des intérêts communs et substantiels que vous avez identifiés au moyen d'une recherche sérieuse, il sera plus

---

18. *« Learn to Love Networking »* de Francesca Gino, Maryam Kouchaki, et Tiziana Casciaro

authentique, plus significatif et aura plus de chances de déboucher sur des relations ayant ces mêmes qualités.

3. Penser globalement à ce que vous pouvez donner

Même si vous ne partagez pas de centres d'intérêt avec quelqu'un, vous pouvez probablement trouver quelque chose de précieux à offrir. En proposant votre aide, en impulsant une initiative, ou en vous intéressant sincèrement aux personnes que vous croisez, il sera plus facile de construire un réseau. N'oubliez pas qu'il est important d'écouter avant de parler, de faire preuve d'empathie avant de faire de l'autopromotion, et de garder son esprit ouvert.

4. Se fixer des objectifs clés

Se construire un réseau va vous servir à quoi ? Quels sont vos buts ? En quoi ces derniers vont vous aider dans votre stratégie ? Cela peut être, par exemple, un projet de création d'entreprise, un changement d'emploi, une recherche de financement, une mise en contact pour vendre un produit ou un service, etc. Un objectif peut aussi être quantitatif. La métrique que la plupart des gens utilisent pour décrire leur réseau est le nombre de contacts qu'ils ont sur LinkedIn ou le nombre d'adresses dans leur téléphone. Bien que cela puisse être important, ce n'est qu'un élément de la structure d'un réseau, il ne faut surtout pas oublier les autres, qui peuvent aller de la satisfaction personnelle à l'atteinte d'un objectif professionnel. Quantité et qualité sont aussi complémentaires.

Les réseauteurs de la vieille école sont souvent prisonniers d'une approche transactionnelle. Ils entretiennent des relations en pensant uniquement à ce que les autres peuvent faire pour eux. Les bâtisseurs de relations nouvelle génération, en revanche, essaient d'aider les autres avant tout. Ils ne comptent pas les points. Ce n'est ni un combat ni une compétition. Au contraire, ils donnent la priorité aux relations de qualité plutôt qu'à un grand nombre de connexions. L'établissement d'une relation authentique avec une autre personne dépend d'au moins deux capacités. La première consiste à voir le monde du point de vue de cette personne. Dans les relations, ce n'est que lorsque vous vous mettez à la place de l'autre que vous commencez à développer une connexion honnête. La deuxième capacité consiste à réfléchir à la manière dont vous pouvez collaborer avec l'autre personne et l'aider plutôt que de penser à ce que vous pouvez obtenir.

Au risque de me répéter, pour construire un réseau solide, votre premier geste doit toujours être d'aider.

La meilleure façon d'entrer en contact avec de nouvelles personnes n'est pas de faire du démarchage téléphonique ou de créer des réseaux avec des inconnus dans des cocktails, mais de travailler avec les personnes que vous connaissez déjà. Parmi les nombreux types de relations professionnelles, vos proches alliés sont parmi les plus importants. Ces personnes proches, pour lesquelles vous êtes prête à faire cet effort supplémentaire pour rendre un service. Ce peut aussi être un mentor ou un coach. Ce sont des personnes sur lesquelles vous pouvez vous appuyer en cas de problème, ou pour partager une opportunité.

Les alliés, de par la nature du lien, sont peu nombreux. En revanche, il existe potentiellement des centaines ou des milliers de relations moins directes qui jouent également un rôle dans votre vie professionnelle. Dans son livre « *The Startup of You* », Reid Hoffman évoque les *weak tiers*, que l'on pourrait traduire par les **liens éloignés ou lâches**. Il s'agit des personnes que vous rencontrez lors de conférences, d'anciens camarades de classe, de collègues de travail ou simplement de personnes intéressantes. Ces liens faibles représentent les personnes avec lesquelles vous avez passé peu de temps de faible intensité, mais avec lesquelles vous êtes toujours ami. Et contrairement à ce que vous pouvez penser, ils ont une influence considérable sur votre leadership. Le sociologue Mark Granovetter[19] a demandé à un échantillon aléatoire de professionnels comment ils avaient trouvé leur nouvel emploi. Il s'est avéré que 82 % d'entre eux ont trouvé leur poste par l'intermédiaire d'un contact qu'ils ne voyaient qu'occasionnellement ou rarement. En d'autres termes, les contacts qui recommandaient des emplois étaient ces liens faibles.

Granovetter explique ce résultat en expliquant que vos bons amis ont tendance à appartenir au même secteur d'activité ou au même groupe sociodémographique que vous. Toutefois, parce qu'ils se situent généralement en dehors du cercle restreint de votre réseau, ces liens lâches impliquent qu'il y ait plus de chances qu'ils soient soit exposés à de nouvelles informations ou à une nouvelle opportunité d'emploi que vous auriez autrement manquée. Il est donc important d'allier les personnes très proches avec des personnes plus éloignées dans la constitution de votre réseau. La diversité est ce qui en fera sa force.

---

19. « *The Strength of Weak Ties* » de Mark Granovetter

Dans le livre « *Social Chemistry : Decoding the Patterns of Human Connection* » de Marissa King, on fait ainsi référence à l'importance de prêter attention à la manière dont nos réseaux sociaux sont structurés. En d'autres termes, le réseautage n'est pas seulement une question de chiffres. Ce qui était bien plus important que le nombre de personnes que vous connaissez, c'était la force et la qualité de vos connexions sociales.

Selon Marissa King, il existe trois principaux styles de *networking* que les gens ont tendance à utiliser. Le premier concerne les « rassembleurs ». Ils ont tendance à former des groupes proches et interconnectés. Par exemple, si vous et vos collègues passez du temps ensemble et que vous êtes nombreuses à faire partie de la même association de parents d'élèves à l'école de vos enfants, vous faites probablement partie d'un réseau de rassemblement. Les rassembleurs ont tendance à avoir des réseaux sociaux peuplés d'amis communs.

De leur côté, les « *courtiers* » ont tendance à avoir des réseaux sociaux qui se chevauchent moins. Si vous êtes un courtier, vous pouvez avoir plusieurs groupes d'amis qui n'interagissent pas entre eux. Au travail, un courtier peut être quelqu'un qui a des relations dans différentes parties de l'organisation et qui sert à faciliter la collaboration entre les départements.

Le troisième groupe identifié dans le livre est celui des « *expansionnistes* ». Ce sont des papillons sociaux qui butinent un peu partout et qui ont tendance à avoir des réseaux sociaux extrêmement larges avec de nombreuses connaissances.

Bien sûr, dans la pratique, il est possible pour une personne d'utiliser plusieurs styles de *networking*, et il est courant que nos styles changent avec le temps (par exemple, les jeunes adultes sont plus susceptibles d'être expansionnistes que les adultes plus âgés, et les réseaux sociaux des gens ont tendance à devenir plus petits après avoir eu des enfants). Cependant, comprendre ces tendances de base en matière de *networking* peut vous aider à mieux comprendre le monde social et ses interactions en fonction de la situation dans laquelle vous vous trouvez

Rencontre avec

Ne juge pas chaque jour à la récolte que tu fais mais aux graines que tu sèmes.

Robert Louis Stevenson

Ségolène Dugué est directrice générale du cabinet d'avocats Cohen Amir-Aslani, spécialisé dans le droit des affaires à l'international. Au quotidien, elle traite des problématiques très variées telles que la réflexion stratégique, la cohésion interne ou le *business development* dans un contexte en permanente évolution où il est nécessaire de se remettre en cause régulièrement pour adapter le cabinet aux attentes des collaborateurs et des clients. Au cours des dernières années, elle a créé différents évènements comme les petits-déjeuners « Un Autre Regard » qui réunissent la clientèle autour d'un philosophe ou l'initiative de « La Grande Famille », un parrainage visant à faciliter l'accès à la sphère professionnelle aux étudiants de Seine-Saint-Denis.

Par ailleurs, Ségolène Dugué est impliquée dans diverses organisations philanthropiques et associations qui sont, pour la plupart féminines, même si elles œuvrent toutes pour la collectivité en générale, et ont pour but de défendre l'égalité des droits. Enfin, elle intervient régulièrement dans des conférences et écrit des articles, notamment autour de sujets féminins. Dans toutes les actions qu'elle mène, tant sur un plan professionnel que personnel, elle a à cœur de créer du lien entre des mondes qui ne se parlent pas, de favoriser le partage du savoir et d'élargir le champ des possibles de chaque individu.

Kristine : Comment es-tu arrivée là où tu en es aujourd'hui ?

Ségolène : Ma chance a été de rencontrer des mentors au cours de mes études supérieures puis tout au long de ma vie professionnelle. Ils ont tous joué un rôle important dans ma carrière. Ce sont des gens qui ont identifié un talent sur une pierre brute, qui ont vu en moi des choses dont je n'avais pas forcément conscience et qui m'ont donné ma chance en me faisant confiance. À force de travail et portée par le goût de bien faire, j'ai fait mon chemin et ai appris à me faire confiance à mon tour. Mes qualités relationnelles ont fait le reste. Savoir parler à tout le monde en restant moi-même et réussir à nourrir des relations authentiques et sincères sur le long terme sont de véritables richesses qui pimentent mon quotidien.

K. : Qu'est-ce que la réussite pour toi ?

S. : La réussite n'est pas un terme qui fait vraiment partie de mon vocabulaire. Il est si facile de se perdre en chemin en faisant de mauvais choix pour des bonnes raisons. Je dirais, qu'à mon sens, la réussite c'est de rester fidèle à ses valeurs, peu importe d'où l'on part et où l'on va. Est-ce que j'ai dû me compromettre ? Est-ce que je me suis oubliée ou enfermée ? Est-ce que je me suis respectée ? Est-ce que j'ai respecté les autres ? La réussite n'est pas tant de savoir où je suis arrivée mais comment j'y suis arrivée.

K. : Qu'est-ce que le leadership, selon toi ?

S. : Le leadership ne devrait avoir d'autre ambition que d'aider les autres à identifier les domaines où ils sont réellement dans la joie et à les amener vers l'excellence vivifiante. Dans le leadership au féminin (qui n'est pas uniquement pratiqué par les femmes), les notions de collectif et de transmission sont importantes. C'est un leadership qui se construit avec les autres et pas aux dépens des autres. Être un bon leader demande aussi d'avoir de l'audace, c'est-à-dire d'aller là où les autres ont peur d'aller et faire fi du regard des autres. Ce n'est pas toujours facile mais primordial si l'on veut vivre pleinement.

K : Comment s'intègre la notion de réseau dans le leadership ?

S. : Dans un monde toujours plus complexe où personne n'a toutes les compétences et connaissances, nous avons toujours besoin des autres pour progresser et apprendre, et un leader encore plus. Nous sommes des êtres sociaux et le réseau est une des conditions à notre survie, ce qui a d'ailleurs été flagrant lors des confinements

successifs. Notre premier réseau, c'est la famille et les amis, puis vient le cadre professionnel, et enfin les gens que l'on côtoie de loin. Le réseau est partout, à chaque étape de la vie, même pour les gens qui ne pensent pas en être dotés. Il ne faut négliger personne, car la personne assise à côté de vous à la fac ou au bureau sera peut-être celle qui vous aidera dans dix ans. Créer son propre réseau prend du temps. En effet, construire une relation peut prendre des mois, voire des années, et on peut la casser en une minute si la confiance n'est plus au rendez-vous. Pour créer du lien, il faut être en totale ouverture et être vraiment à l'écoute, puis entretenir ce réseau. Ensuite, au fil du temps, un tri naturel s'opère. Il y a des gens qu'il faudra éviter et d'autres pour qui on sera toujours là. Sans réseau, il me semble impossible d'exercer un réel leadership.

K. : Comment surmonter certains blocages qui permettent de se faire un réseau ?

S. : Ce que je vois le plus souvent, ce sont des personnes qui pensent qu'elles n'ont rien à raconter, que les gens ne vont pas s'intéresser à elles, etc. Il faut surmonter ce point de blocage et ne jamais hésiter à aller vers les autres et à leur poser des questions. Il est rare qu'une personne vous rejette lorsque vous lui portez de l'intérêt. Pour cela, il faut vaincre une forme de timidité, une certaine appréhension, et surtout avoir de la curiosité pour l'autre.

K. : Tu fais partie de beaucoup de réseaux ?

S. : Je fais partie de réseaux qui sont liés à mon métier et qui me permettent de rencontrer des pairs pour échanger autour de problématiques communes. Je suis aussi membre du réseau Alumni de mon école de commerce où j'anime le club Women et où je suis régulièrement consultée sur le contenu des programmes de l'école. Cela me permet de garder un pied dans le monde étudiant. Ensuite, je fais partie du *International Women's Forum* et de réseaux d'avocats à l'international plus quelques clubs à titre personnels et amicaux. Je les challenge régulièrement, au moins une fois par an. Au moment de renouveler mon inscription, je me demande toujours si tel réseau correspond toujours à mes attentes. Parce que le réseau peut évoluer, mais moi aussi. De plus, ça peut très vite devenir exponentiel car plus on connaît du monde, plus on est mis en relation facilement et plus on agrandit son cercle. J'ai appris à affiner avec le temps tout en restant ouverte à l'inconnu. ■

Le livre qu'elle nous recommande

« **La promesse de l'aube** » de Romain Gary.

172

Chapitre

13.

Comment entretenir son réseau ?

L'anecdote de

Kristine

Pour moi, revoir des gens de temps en temps, leur donner des nouvelles, prendre de leurs nouvelles, surtout quand je n'avais rien besoin de leur part, est une démarche normale et plaisante.

Quand je suis arrivée en France, en attendant de démarrer mon Mastère à l'ESCP, je n'avais rien à faire pendant presque trois mois. Puisque je ne voulais pas rester chez moi à attendre, j'ai sauté sur l'occasion quand une connaissance m'a parlé d'un job d'hôtesse d'accueil dans une grande entreprise. Non seulement cela me permettait de gagner un peu d'argent, mais c'était aussi l'occasion parfaite pour pratiquer mon français.

J'ai alors rencontré des personnes intéressantes dont mes deux meilleures amies. J'ai toutefois dû m'absenter de manière un peu brutale pour traiter des questions administratives en Russie avant de revenir en France. Après

plusieurs semaines, je me suis dit que c'était dommage de ne pas avoir dit au revoir aux personnes avec qui j'avais sympathisé, et j'ai envoyé un e-mail à l'une d'elles pour donner quelques nouvelles et explications à mon départ rapide. Dans les cinq minutes qui ont suivi, la personne m'a répondu en me disant que personne ne lui écrivait juste pour donner des nouvelles et en demander. Chaque sollicitation était toujours intéressée. Nous sommes restés en contact et 17 ans plus tard, c'est toujours l'un de mes meilleurs amis.

Aujourd'hui, garder contact est beaucoup plus simple, grâce aux outils comme LinkedIn, WhatsApp et autres. Mais le plus important, c'est de se forcer à rester en contact, à donner des nouvelles et à en demander de façon désintéressée, uniquement parce que c'est toujours agréable de discuter avec des gens.

S e constituer un réseau n'est, au final, pas si compliqué. L'entretenir, en revanche, est une démarche de longue haleine. C'est un voyage sans destination, car à aucun moment vous ne pourrez dire que votre réseau est finalisé. Si vous ne cherchez pas à garder le contact, si vous ne vous impliquez pas, votre réseau risque de dépérir très vite. En effet, les personnes de votre réseau évoluent, changent de poste, de responsabilité, déménagent, voire partent à l'étranger. Si vous ne maîtrisez pas ces données, si vous ne savez pas comment mettre à jour votre réseau, il risque de ne pas être très utile.

Entretenir votre réseau impose d'être proactive et altruiste. N'attendez pas que les opportunités viennent à vous. Prenez l'initiative de contacter les personnes de votre réseau selon les occasions. En faisant preuve de bienveillance, vous pourrez, par exemple, partager vos connaissances et vos contacts. Les réseaux sociaux professionnels tels que LinkedIn permettent de faciliter les mises en relation. Ils offrent la possibilité de rencontrer de nouvelles personnes qui peuvent être des mentors, des collègues ou des partenaires potentiels. C'est un moyen efficace de développer son réseau en dehors de son cercle professionnel immédiat.

Cependant, il est important de ne pas se fier uniquement aux réseaux sociaux pour entretenir son réseau professionnel. Un like ou un commentaire ne remplace pas une interaction humaine profonde et naturelle. Il est important de cultiver et d'entretenir son réseau en organisant des rencontres en personne, en prenant des nouvelles de ses contacts et en leur offrant de l'aide lorsque cela est possible. Les réseaux sociaux sont un outil précieux pour entretenir un réseau professionnel, mais il est important de ne pas se reposer uniquement sur eux. Il est nécessaire de faire un effort supplémentaire pour cultiver et entretenir ses contacts pour développer des relations durables et significatives. LinkedIn est un outil, c'est à vous de faire la différence en l'utilisant à bon escient.

Pour les contacts plus proches, comme un ancien mentor ou un client clé avec lequel vous avez travaillé à plusieurs reprises, n'attendez pas qu'ils publient quelque chose en ligne. Prenez plutôt l'initiative de leur envoyer régulièrement un e-mail ou un message. Pas besoin de rédiger une longue prose. Vous pouvez simplement demander des nouvelles ou partager un article qui vous a fait pensé à cette personne. L'objectif est de prendre des nouvelles et de faire apparaître votre nom sur leur écran de manière amicale et spontanée.

Plus vous serez en mesure de personnaliser vos interactions, plus il sera facile de piloter et d'entretenir votre réseau.

Dans le monde du marketing, on utilise souvent un CRM. C'est un outil qui permet de rester connecté à l'activité de ses clients et prospects, et qui centralise toute l'information dans un seul et même endroit. Ces bonnes pratiques peuvent également s'adapter à votre réseau, même si vous n'avez rien à leur vendre !

Utiliser un outil pour entretenir votre réseau vous aide à garder le contrôle de vos relations en ayant toujours les bonnes informations à portée de main. Vous pouvez ainsi disposer d'un onglet ou d'une section consacrée aux activités, aux rappels et aux notes de chaque contact, le tout en un seul endroit. Se souvenir du prénom des enfants de votre ancien manager peut faire une différence de taille lorsque vous le reverrez la prochaine fois. C'est la même chose avec les *hobbies* et passions des gens que vous rencontrez. Savoir que telle personne est amatrice de golf ou collectionne les timbres permet de créer une relation plus sincère et naturelle. Faites le test, et croyez-moi, vos interlocuteurs seront surpris de votre capacité à vous souvenir de ces détails qui feront de vous la meilleure des professionnelles du *networking* !

Pour construire et garder la trace de vos réseaux et relations personnels, vous pouvez utiliser une application CRM personnelle. C'est un outil abordable qui aide rapidement à gérer votre organisation, à entretenir de bonnes relations et à développer votre réseau. Sinon, un simple tableur Excel ou *Google Sheets* peut faire l'affaire. En répertoriant tous vos contacts par nom, en indiquant ce qu'ils font et comment vous vous êtes rencontrés, et en le mettant à jour à chaque fois que quelque chose change, vous serez en mesure d'entretenir votre réseau de manière professionnelle. Chaque détail compte, car vous ne savez jamais quand est-ce que vous aurez l'occasion de les revoir ni dans quel contexte.

Le *networking* ne consiste pas uniquement à établir des relations et à entrer en contact avec les gens. Il s'agit avant tout de créer et de faire partie d'une plus grande communauté. Les projets professionnels peuvent changer, mais les relations que vous cultivez par le biais d'un *networking* efficace perdureront dans le temps.

Alisa Roskach

" N'allez pas là où le chemin peut mener. Allez là où il n'y a pas de chemin et laissez une trace.

Ralph Waldo Emerson

Née à Moscou de parents ukrainiens et biélorusses, Alisa a grandi à Barcelone depuis l'âge de 9 ans. La devise de ses parents était qu'elle devait être « 10 têtes au dessus » pour réussir et être acceptée dans cette nouvelle société. Ayant fait le Lycée Français de Barcelone, elle atterrit en classe préparatoire au Lycée St Louis de Gonzague qui la conduisit ensuite à l'ESCP. Alisa entame une carrière en banque d'investissement à Londres et Hong Kong, avant de décider de concilier la finance avec le sens en s'orientant vers l'investissement à impact en Afrique.

Après 6 ans au Kenya et ayant contribué à l'innovation au sein de la Banque Mondiale à Washington, Alisa décide de rentrer en France pour intégrer le secteur technologique en pleine éclosion avec l'intention de contribuer à la société française qui lui avait donné une chance en lui offrant une bourse et finançant ses études quand elle était plus jeune.

Depuis, Alisa a eu plusieurs rôles dans le développement et la vente stratégique. Et le reste est encore à suivre... Mère d'un garçon de 8 ans, elle aime danser, chanter, et fait partie des 1000 joueuses de tennis d'Espagne. Hyperactive et hypersensible, Alisa aime les gens et cherche surtout à trouver sa place, vivre, apprendre et grandir.

Kristine : Comment es-tu arrivée là où tu en es aujourd'hui ?

Alisa : Je dirais que c'est surtout lié à mon exigence avec moi-même et ma capacité d'adaptation qui sont dues à l'éducation de mes parents et au fait d'avoir été une *outsider* en tant qu'immigrée dans le monde occidental. Très tôt mes parents m'ont fait prendre conscience que je devais être dix têtes au-dessus de la norme pour percer, car personne ne nous attendait et on ne savait pas comment ce monde fonctionnait. J'y ajouterais mon sincère amour des gens, mon empathie et ma connexion avec les personnes, ainsi que ma joie de vivre. Enfin, il faut aussi avoir le courage de prendre des risques, d'oser voir plus grand et d'essayer de se réinventer. J'ai toujours voulu vivre plusieurs vies, apprendre pour mieux comprendre le monde, et trouver ma place en comprenant petit à petit ce qui me tenait à cœur.

K. : Qu'est ce que la réussite, selon toi ?

A. : Je trouve que la réussite telle qu'on la dépeint majoritairement dans la société aujourd'hui - c'est à dire liée à une certaine reconnaissance en raison d'une position de pouvoir ou d'influence - est non seulement limitée, mais également dangereuse. La réussite, pour moi, comprend trois choses. La première, c'est le dépassement des difficultés qui se présentent à nous et notre capacité à voir plus grand à chaque étape. La deuxième, c'est une forme d'épanouissement personnel dans la réalisation de son potentiel, l'alignement de ses croyances et de ses valeurs. La troisième, c'est qu'il n'y a pas de réussite seule, et encore moins aux dépens des autres. Une reconnaissance publique qui cache des abus sur les autres est un échec flagrant pour moi. Dans tous les cas, la réussite est un processus qui durera toute une vie, je pense.

K. : Comment s'intègre la notion de réseau dans ce contexte ?

A. : Dans un monde qui évolue de plus en plus vite et où l'on va changer plusieurs fois de rôle, d'entreprise et de métier, être en mesure de s'appuyer sur un réseau fort est indispensable. C'est un différentiateur sans pareil, à la fois dans les situations difficiles de questionnement ou de recherche de travail ou de projet, mais aussi dans une perspective de s'ouvrir à de nouvelles opportunités, construire un profil différenciant et nourrir sa réputation pour apprendre et continuer à grandir. Le biais inconscient de l'être humain est d'aller vers la sécurité. C'est ainsi que la majorité des opportunités les plus prisées ne sont pas publiées en ligne. C'est pourquoi cultiver sa visibilité est un facteur clé. Tout recrutement est une prise de risque pour le recruteur. Être recommandée par les bonnes personnes limite le risque pris par l'employeur, et le fait de développer son réseau de façon intentionnelle, de la même façon que l'on développe notre savoir-faire de façon consciente et réfléchie peut tout changer.

K. : Qu'est-ce que le leadership, pour toi ?

A. : C'est la capacité de motiver et d'inspirer les personnes autour de soi à donner le meilleur d'elles-mêmes pour atteindre un objectif commun. Dans une équipe, le leader a la responsabilité de contribuer à développer le potentiel de chaque membre. Il doit avoir une vision, construire un plan et s'assurer que chacun a le potentiel pour atteindre les objectifs établis. Il faut aussi permettre à chacun d'apprendre par soi-même, de se tromper, de s'exprimer, de se sentir compris et écouté, tout en connaissant la motivation profonde, les besoins intrinsèques, les modes de fonctionnement, et les forces individuelles. Le vrai leader est là pour servir et fera passer les intérêts de son équipe par-dessus les siens. Il sait comment faire jouer une partition en conciliant les objectifs personnels de chacun avec l'objectif commun du groupe.

K. : Est-ce que le leadership féminin est différent ?

A. : Il est sans doute plus soucieux des autres, de l'équité, et plus concentré sur les véritables sources de valeur avec une vision sur le long terme. Je préfère considérer que chacun de nous a une partie masculine et féminine et il faut les deux pour un leadership équilibré. J'ai rencontré des femmes avec un leadership très masculin et des hommes qui m'ont surpris par leur niveau d'empathie et d'altruisme, leur douceur et leur fine compréhension des autres. Rien n'est figé.

K. : De quelle erreur as-tu appris le plus ?

A. : Qu'il faut prendre le temps de bien faire les choses, d'aller jusqu'au bout de la maîtrise d'un sujet, et de ne pas être trop pressé. Il faut donner du temps aux choses pour développer sa boîte à outils progressivement. Ne pas avoir la patience suffisante pour travailler sur mes faiblesses fut une erreur. Quand j'ai dépassé cette situation et que j'ai réussi mieux que personne à gérer des modèles financiers de projets d'infrastructure complexes, j'ai soudain ressenti une énorme satisfaction qui a nourri ma confiance en moi. Je sais désormais que je peux dompter les choses qui ne me semblent pas naturelles, et travailler sur mes faiblesses pour démultiplier l'impact de mes forces.

K. : Quelle est ta power pose ?

S. : Fermer les yeux et respirer pour me décontracter sur le moment, puis aller courir avec de la musique, passer du temps avec mon fils, chanter, danser, écrire, faire du yoga, appeler les amis, etc. Je suis d'ailleurs en train de reconstruire une nouvelle routine énergétique, car la gestion de l'énergie comme la gestion de temps sont les clés du succès. ■

Le livre qu'elle nous recommande

« **Pensées pour moi-même** »,
de Marc Aurèle

Chapitre

14.

Travailler sa visibilité et sa réputation

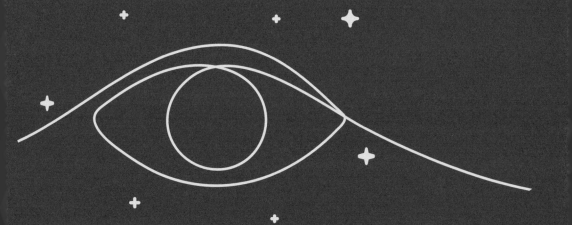

L'anecdote de

Kristine

De nos jours, je pense qu'on ne fait pas assez attention à sa réputation. J'ai presque l'impression qu'une réputation est une notion perçue comme étant surfaite et artificielle. Pourtant, une entreprise doit bien défendre sa marque employeur avec une bonne réputation pour attirer les meilleurs talents. Alors, pourquoi ne pas faire la même chose et se considérer comme une marque pour travailler sa visibilité ?

Les réseaux sociaux, comme les réseaux thématiques, sont des outils utiles, mais qui sont à double tranchant. Internet n'oublie jamais et ce qui se trouve en ligne y reste pendant un bon moment. Faire retirer une information est complexe et cela requiert des efforts considérables.

Je ne mets jamais de photos personnelles sur les réseaux. Lorsque je m'expose en ligne, c'est que cela fait partie intégrante de ma stratégie de communication. Quand on cherche un emploi, le recruteur passe toujours un candidat à l'épreuve de Google et des réseaux sociaux. Avant d'arriver en entretien, la personne s'est souvent déjà faite une idée en regardant ce que nous publions en ligne. Je préfère que cette opinion soit positive, ou au pire neutre, mais surtout pas négative. Et le mieux pour cela est de maîtriser ce qui se dit sur moi.

Le principe de base est de ne pas partager des photos et vidéos qu'on n'aimerait pas que les gens voient. Ensuite, il faut faire des recherches sur son nom de manière régulière. C'est le meilleur moyen pour comprendre ce que les autres voient. À titre personnel, j'ai créé une alerte Google sur mon nom. À chaque fois que sort un article qui parle de moi, je reçois aussitôt l'information. C'est une bonne pratique simple, gratuite et facile à mettre en place pour maîtriser sa réputation.

Cultiver un réseau nécessite de s'exposer.

Les personnes que vous allez rencontrer vont vous juger - parfois en quelques secondes - et il est nécessaire d'accepter ces règles du jeu pour gagner en visibilité. Personne n'est parfait. Alors pourquoi tant de gens s'efforcent-ils encore d'atteindre la perfection ? Pourquoi ressentent-ils le besoin d'être agréables, attentionnés et de faire en sorte que les autres se sentent bien à tout moment ? Ce comportement, cette envie irrépressible de plaire est particulièrement fréquente chez les femmes.

Nous avons été conditionnées à faire plaisir à tous ceux qui nous entourent, à la maison comme en public, alors que les hommes n'ont pas appris à faire passer les autres en premier. Il s'agit d'une forme de socialisation qui commence dès l'enfance. Nous devons être obéissantes, serviables et agréables. Les environnements de travail favorisent ce besoin de plaire chez les femmes. Par exemple, les entreprises emploient souvent des femmes à des postes de début et de milieu de carrière axés sur l'assistance aux autres - des postes dans lesquels leur réussite dépend de leur capacité à répondre aux besoins des autres et où l'affirmation de soi n'est pas considérée comme un atout. C'est cette fameuse oreille féminine, ouverte et empathique, capable d'aider les autres - clients, fournisseurs ou salariés - de manière presque maternelle. Je ne dis pas que c'est bien ou mal. Certaines femmes peuvent tout à fait s'épanouir dans le support, l'aide et la relation aux autres. Je dis juste qu'il est dangereux de s'y enfermer sans se poser la question de savoir si cela correspond à votre projet. Par expérience, je constate que de nombreuses femmes se sentent incapables de dire non à des emplois ou à des tâches que d'autres leur demandent d'assumer, même si ces activités ne leur apportent rien. Pourquoi ? Parce qu'elles savent que cela déplairait à celui qui leur demande. Cet état d'esprit prive les femmes de leur capacité à exercer leur autorité, car elles ont trop peur de contrarier les autres en le faisant. Cette attitude est particulièrement néfaste pour les femmes occupant des postes de direction, où leurs performances sont évaluées en fonction de leur capacité à affirmer leur autorité.

Si vous voulez réussir, ne laissez pas votre désir de plaire aux autres entraver votre capacité à être directe et décisive.

Vous connaissez sans doute ces phrases du type « Pourriez-vous m'imprimer ce document ? », « Préparer la salle de réunion pour tel client ? », « Me relire ce compte-rendu pour demain soir ? ».
Quand ces requêtes ne font pas partie de votre mission ou de votre fiche de poste, le fait de « rendre service » pour faire plaisir ou être bien vue revient à ouvrir la boîte de Pandore. Vous serez alors cataloguées comme celle qui peut jouer le rôle de l'assistante ou de la secrétaire alors que ce n'est ni votre volonté, ni vos compétences, ni vos envies.

Nous avons tendance à dire oui à tous les projets qui nous sont proposés. Pourquoi ferait-on autrement ? On se dit que c'est plaisant de rendre service, qu'on va bien nous renvoyer l'ascenseur un jour ou l'autre, et que cela nous donne de la visibilité au sein de l'équipe. Sauf que le problème, c'est que plus vous dites oui, plus on vous assigne ces mêmes projets sans intérêt. Et plus le temps passe, plus vous rentrez dans des cases. C'est un processus long, pernicieux et terriblement enfermant.

Prenons un exemple avec un petit service qui ne prendra que 15 minutes. En soit, ce n'est pas grand-chose 15 minutes. Mais un quart d'heure par jour, c'est 1h15 par semaine et 5h par mois. Vous acceptez donc de passer 5 heures de votre temps à faire quelque chose qui ne vous rend pas service et peut orienter la manière dont vous êtes perçue. Or, 5 heures par mois vous donnent, à l'inverse, du temps pour prendre un nouveau dossier, faire une formation, finaliser une présentation importante ou créer de nouveaux projets. Ou alors, plus simplement, passer du temps avec votre famille si ces fameux services se déroulent en fin de journée. Quand vous réalisez que vous n'êtes plus vraiment considérée pour des projets sérieux, il est déjà trop tard. Et le temps que vous passez à faire ces tâches ingrates, vous ne le passez pas à investir sur votre talent. À vous former, à lire, à optimiser vos processus ou à utiliser les bons outils. Résultat : quand arrive le moment de l'entretien annuel avec votre manager, ce temps perdu à vouloir rendre service joue en votre défaveur. Certes, vous êtes appréciée et êtes une personne de confiance, mais l'êtes-vous à votre juste valeur ?

Pour réussir professionnellement, il faut savoir choisir ses batailles. Cela signifie oser décliner avec élégance l'organisation de ce *brainstorming* pour vous plonger dans un nouveau dossier client par exemple. Il faut avoir conscience de ses points forts et être capable de les mettre en application. Pour cela, vous pouvez commencer par des petites choses. Ce sont ces petites victoires qui vous feront prendre confiance en vous pour aller plus loin. Au lieu de proposer un café à toutes les personnes qui sont dans la même réunion que vous, attendez et faites passer votre envie de caféine, sinon vous risquez de devenir celle qui distribue le café !

Autre exemple : vous êtes en réunion et votre manager lance « qui m'aiderait à imprimer 30 exemplaires de ces slides ? ». Ne vous précipitez pas et attendez. Si vous avez vraiment envie de participer à ce projet, et que la pression est trop forte, dites que vous ne pouvez pas les imprimer, mais que vous en vérifierez le contenu avec plaisir et pourrez participer à la présentation devant le client.

Les premières fois risquent d'être surprenantes pour vous et pour votre entourage, et c'est normal ! Il faut changer ses habitudes et s'affirmer progressivement. Pour réussir, il faut s'entraîner comme une sportive professionnelle en ne lâchant rien. Avec le temps, vous deviendrez meilleure et pourrez développer vos compétences pour devenir une collaboratrice de référence à forte valeur ajoutée sur des enjeux réellement stratégiques.

Pour travailler votre visibilité et votre réputation, il faut aussi vous astreindre à travailler sur des projets utiles. Utiles pour l'entreprise, bien sûr, mais pas uniquement. Ils doivent être utiles pour vous. Chaque tâche, chaque mission et chaque action doit vous apporter quelque chose sur le plan personnel ou professionnel, et développer vos savoir-être (les fameuses *soft-skills*) ou vos savoir-faire (les *hard skills*). Un projet utile doit vous permettre d'apprendre de nouvelles compétences, même si ce sera difficile au début, de vous faire plaisir en travaillant sur un sujet qui vous passionne, de vous connecter avec d'autres personnes intéressantes desquelles vous pouvez apprendre de nouvelles choses et de vous faire remarquer par autre chose que vos qualités logistiques et opérationnelles.

Si jamais le projet de vos rêves existe, mais que personne ne vous le propose, allez le chercher, et soyez proactive. Prenez des initiatives et impliquez-vous ! Et s'il n'existe pas, créez-le !

Dans toutes vos initiatives, ayez de hauts standards de qualité, soyez excellente et votre réputation fera le reste.

En parallèle, il est important de travailler sur votre marque personnelle. En effet, en plus d'être une professionnelle de talent, vous pouvez aussi devenir une marque. Rien de grossier ou de dévalorisant ici. Le *personal branding* est le processus de création d'une identité de marque pour une personne. C'est la manière dont vous vous projetez en tant que marque et sur quelles valeurs vous souhaitez vous positionner, afin que votre réseau et le public auquel vous êtes exposée sachent qui vous êtes, ce que vous représentez et pourquoi il vaut la peine de vous parler. Pour cela, vous avez besoin :

- **D'avoir un objectif clair** : pourquoi avez-vous besoin d'être vu et reconnu en ligne ou en personne ?

- **De savoir quelle est votre valeur ajoutée** : pourquoi vous et pas une autre personne ? Quelle est votre spécificité et ce sur quoi vous pouvez capitaliser ?

- **De construire une stratégie basée sur votre propre communication** : avez-vous un site web à votre nom ? Utilisez-vous les réseaux sociaux ? Avec quels formats êtes-vous le plus à l'aise entre le texte, les photos, les vidéos, le dessin, etc. ? Les supports que vous utiliserez doivent être adaptés à ceux consultés par les personnes qui sont importantes à vos yeux.

- **De tester, d'expérimenter et d'apprendre de vos erreurs** : prenez du recul, soyez critique et adaptez votre stratégie en permanence.

C'est en vous affirmant et en communiquant les bons messages aux bons moments que vous pourrez travailler votre réputation et votre visibilité. Deux dimensions qui sont indispensables en matière de leadership !

Rencontre avec

Malia Metella

" Le plus grand échec est de ne pas avoir le courage d'oser.

Abbé Pierre

Malia Metella, née en 1982, est une ancienne nageuse spécialiste des épreuves de sprint en nage libre et papillon. C'est dans sa Guyane natale qu'elle découvre ce sport. Très vite, elle prend goût au dépassement de soi, à la recherche de performances que nécessite au quotidien la pratique de la natation.

Elle a su insuffler un vent d'optimisme dans la natation française. Elle a contribué à l'essor de la natation tricolore. Elle atterrit à l'Institut National du Sport, de l'Expertise et de la Performance en septembre 2000. Son palmarès se remplit petit à petit et les médailles s'accumulent. Elle est cinq fois championne d'Europe en petit et grand bassin (2003 – 2004), vice-championne du Monde sur le 100m nage libre en 2005, vice championne Olympique sur le 50m nage libre aux Jeux Olympiques d'Athènes en 2004.

Après 15 années au plus haut niveau, elle décide en 2009 de voguer vers de nouvelles aventures. Une carrière avec de nombreux titres, où il y a eu des hauts et des bas mais toujours une constante, le plaisir ! A l'image de ce sourire qu'elle arbore constamment.

Elle rentre dans la vie active, une reconversion réussie. Elle est fondatrice et associée de deux startups : une qui est dans le digital sport ; Sportall qui est une application qui diffuse tous les sports non diffusés à la télévision et l'autre ; un micro-fond d'investissement, Tremplin Capital qui est destiné aux entrepreneurs venant de quartier prioritaire en Métropole et des Outremers. En parallèle, Malia rend visite aux jeunes scolaires dans les écoles dans le monde pour échanger sur son parcours.

En novembre 2021, la championne se lance dans une aventure sportive, humaine et engagée avec Théo Curin et Matthieu Witvoet, une traversée de 11 jours et un parcours de 108 km, en totale autonomie dans un lieu mondialement connu, le Lac Titicaca. Situé à 3 815 m d'altitude, le lac constitue un cadre idéal pour cette aventure hors du commun. Plus qu'un défi physique, véritable challenge, véhiculant les valeurs du sport et du dépassement de soi, cette aventure revêt également une dimension environnementale et solidaire particulière : « l'incroyable traversée solidaire de 3 sportifs hors normes ».

Kristine : Comment es-tu arrivée là où tu en es aujourd'hui ?

Malia : Je pense que j'ai eu la chance d'avoir eu des personnes qui ont cru en moi et qui m'ont accompagné au bon moment. J'ai réussi à m'entourer de bonnes personnes et à m'écarter des mauvaises, tout en étant très méfiante. C'est aussi beaucoup de travail. En tant que sportive de haut niveau, le travail fait partie d'une routine que l'on instaure dans notre vie quotidienne. Je ne lâche rien, j'aime la performance et me donner à fond. Mon caractère m'a permis de vouloir toujours ce petit plus et voir jusqu'où mon corps est capable d'aller. Même si le matin, en allant à l'entraînement, ça ne me faisait pas toujours rire, j'y allais quand même. Il faut se dire qu'il y a sûrement quelque chose au bout qui va s'ouvrir. Je ne lâchais rien pour atteindre la haute performance et je peux dire que ça m'a permis de le transmettre aujourd'hui dans ma vie professionnelle actuelle.

K. : Est-ce que tu t'es déjà dit que tu voulais être une championne ?

M. : Non, pas tout de suite. C'est arrivé quand j'ai vraiment commencé à m'entraîner deux fois par jour, que je me levais à 4 heures du matin et je me disais que si je mettais tout ça en place c'était pour devenir la meilleure de ma catégorie. J'ai toujours pensé étape par étape, sans aller trop vite. C'est sans doute ce qui m'a permis de garder les pieds sur terre. On me connaissait un peu chez moi, en Guyane, car c'est un petit territoire. C'est certain qu'en arrivant à Paris, les choses ont changé. J'ai dû faire ma place et me mettre au travail deux fois plus. Lorsque j'ai obtenu ma médaille olympique, je ne m'attends pas à ce qui va me tomber dessus au retour. Je faisais partie de la génération dorée de la natation française et j'ai dû apprendre à gérer la situation avec mon coach, car trop de visibilité peut faire perdre le sens de la réalité. On a refusé des demandes de la presse, j'ai pris un agent et quelqu'un qui gérait les demandes des journalistes, pour que je puisse rester concentrée sur mes entraînements et mes études. À la fin, j'ai voulu retourner dans l'ombre. Je n'avais plus de motivation et il était temps de laisser la place à la nouvelle génération. J'étais fière de ce que j'avais fait dans ma carrière. Je voulais fermer cette porte et en ouvrir une autre.

K. : Comment as-tu créé ton réseau ?

M. : Mon réseau, je l'ai créé au fur et à mesure. J'ai fait mes deux années d'études, et je n'ai pas trouvé de travail immédiatement. Je suis vraiment repartie de zéro. J'ai commencé petit à petit, en reprenant contact avec des amis sur les réseaux sociaux. J'ai eu la chance d'être invitée à des événements, ce qui m'a permis de rencontrer des gens. Je m'intéresse aux autres, à ce qu'ils font, sans forcément savoir si cette relation va mener à quelque chose, et je réalise que j'adore mettre en relation les personnes que je rencontre pour les aider à travailler ensemble. J'ai toujours eu cette envie d'apprendre de nouvelles choses. Je ne voulais pas rester uniquement dans le milieu sportif. Lorsque je fais une école de journalisme, je voulais faire de l'investigation et m'ouvrir à autre chose.

K : Quel est le bon équilibre pour gérer sa visibilité ?

M. : Il ne faut pas se forcer et faire en sorte que ce soit naturel. Au départ, j'ai voulu partager, à ma manière, en tant que femme et entrepreneur comment j'ai réussi. Je notais dans mon agenda les réseaux sur lesquels je pouvais communiquer en fonction de mes événements. Si je faisais un événement le lundi, je savais que le mardi j'allais communiquer sur tel réseau et je préparais tout cela à l'avance. Je continue à le faire aujourd'hui, mais je ne me force pas, c'est vraiment une envie de partager. Je fais en sorte de continuer à augmenter ma visibilité et ma communauté tout en partageant mes expériences.

Le livre qu'elle nous recommande

« **Aminata** » de Lawrence Hill, ça raconte l'histoire d'une petite fille pendant l'esclavage.

K. : Quelle est la chose dont tu es le plus fière ?

M. : Ma médaille olympique, sans aucun doute, parce que j'ai travaillé très dur pour atteindre cet objectif. J'ai commencé à envisager les Jeux olympiques un an avant ma médaille. Elle m'a permise de m'ouvrir et de toucher des personnes que je ne pensais pas toucher un jour. Je suis fière du travail et de toutes les choses que j'ai pu mettre en place grâce à cette médaille, et du réseau que je me suis créé. Ça m'a permis d'ouvrir pas mal de portes. À l'inverse, cette situation attire aussi des opportunistes. J'ai aussi commis l'erreur de faire trop confiance à certaines personnes trop vite, malgré une forme de prudence naturelle. ■

Chapitre

15.

Explorer les réseaux thématiques

L'anecdote de

Kristine

Les réseaux sont indispensables pour développer son leadership. En revanche, ce qui est complexe, c'est qu'il y en a tellement, qu'il faut savoir choisir. Quitte à faire partie d'un réseau, il faut s'y impliquer, sinon ce n'est pas très utile. J'ai toujours rejoins des réseaux avec deux objectifs en tête : profiter d'un contenu intéressant et faire de nouvelles connaissances.

Depuis quelques années, je m'investis au sein de deux réseaux. Un réseau autour des femmes qui s'appelle WPN, pour *Women's Professional Network*, et un second qui varie selon les besoins du moment. Si j'étais très active dans les réseaux avant de devenir mère, les choses ont forcément un peu changé après. Quand on a des enfants - et surtout quand ils sont jeunes - il faut choisir avec précision les événements auxquels on participe, et prévoir la logistique de garde qui va avec.

Ce qui conduit nécessairement à une présence moins fréquente, mais souvent sur des sujets et des événements plus précis et à plus forte valeur ajoutée. La qualité prime ici sur la quantité.

De tous les événements auxquels j'ai participé, il y en a un qui m'a particulièrement marqué. C'était un atelier Champagne à la boutique Kenzo, où j'ai rencontré deux femmes exceptionnelles avec qui je suis encore en relation. L'une d'entre elles était Alice, qui témoigne au chapitre 5, et qui était en train d'ouvrir son studio à l'époque. Nous avons beaucoup échangé et nous sommes restées en contact. Comme quoi, on ne peut jamais savoir ce qu'une soirée peut nous réserver. Parfois, elle peut déboucher sur des coups de foudre amicaux et professionnels qui dureront dans le temps.

U n bon réseau est comme une toile d'araignée. Sans lui, vous ne pourrez jamais attraper ce que vous cherchez. Le problème, c'est que développer un réseau ne suffit pas. Il faut aller plus loin et être ce que Judy Robinett, l'autrice du livre « *How to Be a Power Connector* », appelle un *power connector*. Ce sont des personnes qui ne se contentent pas de construire des réseaux en pensant à elles, mais qui cherchent toujours à maximiser les opportunités pour tous les membres de leur réseau.

Dans notre monde complexe et interconnecté, vous avez besoin de relations stratégiques - des relations qui apportent une valeur mutuelle par le biais d'informations, de contacts, d'argent, etc. Ces relations stratégiques présentent de nombreux avantages. Le plus important est que les gens fondent leurs jugements sur votre identité et votre statut social sur votre réseau. S'ils savent que vous connaissez personnellement Elon Musk, par exemple, ils vous considéreront différemment, même si vous ne partagez pas ses réalisations, opinions ou actions.

« Vous êtes la moyenne des cinq personnes avec qui vous passez le plus de temps. » Jim Rohn, entrepreneur américain, écrivain et coach

Votre réseau peut ici faire toute la différence pour que vous puissiez aussi devenir une meilleure personne. Si vous êtes entourée de leader, il y a de bonnes chances que vous puissiez, vous aussi, développer votre leadership. Vous avez ainsi plus de pouvoir si vous appartenez à un réseau puissant qui peut vous donner accès à des informations privées ou à un accès plus rapide à des personnes intéressantes.

L'hétérogénéité et la diversité sont le moteur de l'innovation et de la créativité. Il vaut donc la peine de sortir de votre zone de confort et de faire en sorte que votre réseau reflète vos valeurs en étant large, profond et solide. Un réseau large signifie que vous avez des liens avec des personnes différentes de vous, qu'il s'agisse du secteur d'activité, des intérêts ou même de l'âge. Pensez, par exemple, aux différences entre les membres de la génération des baby-boomers et ceux de la génération Z. Si vous voulez une nouvelle perspective, vous avez besoin des deux.

Un réseau profond est un réseau à plusieurs niveaux, en ce sens qu'il vous offre de nombreux moyens d'atteindre un objectif. Par exemple, si vous voulez rencontrer le patron d'une entreprise, combien de contacts dans votre réseau pourraient vous aider à le faire ? Si tel est votre objectif, vous devez vous efforcer d'en avoir le plus possible.

Enfin, la solidité d'un réseau décrit la volonté des gens de vous aider. Les personnes de votre réseau sont-elles réactives ? Est-ce qu'ils vous rappellent et répondent volontiers à vos questions ? Si c'est le cas, votre réseau est solide. Sinon, il faut le travailler en donnant, s'impliquant, en étant identifiable et en partageant davantage.

Dans ce contexte, les réseaux thématiques sont indispensables à explorer. En effet, si vos collègues, clients, fournisseurs, et amis sont importants, il faut aussi aller regarder du côté de vos pairs. Ce sont souvent des organisations ou des associations très structurées qui ont pour but de rassembler les professionnels pour faire connaissance, apprendre, s'enrichir les uns des autres, mais aussi développer et partager de bonnes pratiques, et surtout... développer son *networking*.

Ainsi, si vous travaillez dans le marketing et dans le monde de la technologie, par exemple, vous pouvez rejoindre un réseau de professionnels du marketing dans votre ville, département ou région, ou un groupe consacré aux technologies. Dans la culture nord-américaine, cette segmentation va fréquemment beaucoup plus loin avec des groupes ou des réseaux par âge, genre ou ethnicité. Une femme d'origine asiatique de 25 ans, travaillant dans la finance pour une entreprise industrielle, pourrait presque rejoindre 5 réseaux thématiques différents !

Naturellement, il faut sélectionner votre appartenance à ces réseaux thématiques avec soin, à la fois selon leurs membres, leur programme et leur organisation, mais aussi selon votre temps et vos projets. Vous pouvez ainsi en essayer plusieurs jusqu'à trouver celui qui vous apportera le plus. C'est une démarche saine et simple pour se connecter à de nouvelles personnes et ainsi développer votre leadership.

Rencontre avec

Caroline Ramade

> Si ta volonté te lâche, dépasse-la !
>
> Emily Dickinson

L'avenir de la technologie repose sur les femmes : Caroline Ramade en est convaincue et défend cette vision en tant que fondatrice et CEO de 50inTech.

Depuis plusieurs années, elle accompagne les femmes dans l'économie numérique. Ancienne responsable de l'innovation de la mairie de Paris et directrice générale de WILLA (ex Paris Pionnières) ; le plus grand incubateur de femmes fondatrices en Europe.

Caroline Ramade a lancé 50inTech en 2019, avec la volonté de créer le réseau de référence des femmes de la tech. Elle est aussi administratrice du comité ONU Femmes France depuis 2018.

Kristine : Comment es-tu arrivée là où tu en es aujourd'hui ?

Caroline : Toute ma vie, il y a deux qualités qui m'ont vraiment animé. La première, c'est la résilience. Je n'ai jamais lâché, et j'ai toujours été extrêmement endurante malgré des missions pas toujours faciles à mener. Plus la tâche était difficile et plus ça me plaisait. La deuxième, c'est l'engagement. J'ai toujours été une personne passionnée dans ce que j'avais à mener et je pense que cet engagement c'est ce qui me fait tenir, qui engendre cette résilience et qui m'a permis à chaque fois de mener mes projets à bien.

K. : Pourquoi as-tu décidé de changer de vie en devenant entrepreneur ?

C. : Je pense que toute ma vie, j'ai été une intrapreneure. J'ai toujours adoré, même avec des petits budgets, mener des projets,

avoir de l'impact, et résoudre des problèmes. Il a toutefois fallu que j'attende d'avoir 40 ans pour me dire c'était maintenant ou jamais ! J'y suis donc allé, avec beaucoup de peur, mais j'ai dépassé cette peur en me disant que si je ne le faisais pas maintenant, je ne le ferais jamais.

K. : Qu'est-ce que la réussite, selon toi ?

C. : La réussite, c'est quand on arrive à être alignée avec ce que l'on fait. Je ne l'ai jamais mesuré avec l'argent gagné, mais plutôt en fonction des projets à mener. Dans l'entrepreneuriat, il y a toujours une possibilité d'échec, et c'est d'ailleurs ce qui rend les choses stimulantes et qui permet de s'engager au quotidien, et de se relancer. Je ne sais pas si je peux dire que j'ai complètement réussi, mais j'ai toujours réussi à faire ce que j'ai voulu faire.

K : Selon toi, quelles sont les trois qualités importantes pour un leader ?

C. : La première, c'est la capacité d'écoute, de synthèse, et de pouvoir amener un projet commun qui va emporter l'adhésion, tout en le menant à terme avec succès. La deuxième, c'est l'ambition. Je pense que les femmes ont beaucoup d'ambitions. Moi même, tout au long de ma carrière, je n'ai pas placé le salaire comme élément central dans un emploi, mais j'ai considéré ce qu'il allait m'apprendre et m'apporter intellectuellement. La troisième, c'est de se demander ce que l'on a envie de faire dans sa vie. Je pense qu'il faut se fixer des buts, et ne pas hésiter à les revoir régulièrement pour trouver des modèles qui nous correspondent.

K : Pourquoi les réseaux sont-ils importants ?

C. : Parce que sur le plan professionnel, la recommandation est indispensable pour changer d'emploi, piloter de nouveaux projets et accélérer des opportunités business. Le réseau, c'est très important. Ce n'est pas du tout un gros mot. Il y a beaucoup de réseaux, et il faut savoir choisir les bons. À titre personnel, j'ai toujours un réseau féminin dans lequel je vais m'insérer, comme 50intech, qui est un réseau de femmes dans la tech. En arrivant à Bordeaux, j'ai tout de suite créé mon groupe *WomenInTech Bordeaux*. Pour moi, le réseau féminin est un réseau d'entraide et de partage pour dépasser les freins auxquels on fait face. Ensuite, il y a des réseaux plus business. J'ai choisi *Frenchfounders* parce que c'est un réseau d'entrepreneurs, et je pense qu'aujourd'hui on n'a pas assez de modèles de réussite au féminin. Il faut essayer d'être dans le bon réseau. Je choisis plutôt des réseaux thématiques, féminins ou dans ma thématique business entrepreneurs, ou tech, parce que ça va être en phase avec mes attentes. Je n'ai pas beaucoup de temps et il faut que ces réseaux soient efficaces pour moi.

K : N'est-ce pas un problème de cultiver l'entre-soi ?

C. : Aujourd'hui, on sait qu'il y a de nombreux biais qui s'opposent à l'entrepreneuriat féminin et à l'investissement, et qui mènent la vie dure aux femmes dans la tech. C'est donc important de pouvoir partager et de savoir comment les autres femmes ont pu dépasser ces limites. Entre femmes, on se doit de l'aide et du partage, mais nous avons aussi des mentors masculins qui apportent conseils et bonnes pratiques. Pour libérer la parole, je pense qu'il faut des réseaux aux féminins, tout en ayant la possibilité de les ouvrir à des alliés qui pourront, à leur tour, avoir conscience de ce qui est dit et contribuer à faire bouger les lignes. J'ai créé 50inTech en me disant qu'il n'y a pas assez de femmes dans la tech, et qu'il fallait davantage de mixité. En mettant les femmes en réseau, on leur permet de se connecter entre elles et de rencontrer des femmes leaders avec qui échanger.

C'est un levier puissant pour développer la diversité et l'inclusion.

K : De quoi es-tu la plus fière ?

C. : D'avoir toujours été une femme engagée, de m'être engagée à titre personnel en tant que volontaire, de donner de mon temps pour des causes que j'estime justes, et d'avoir mis ces causes et cette engagement féministe au cœur de mes activités depuis 8 ans. Je suis très fière de contribuer à mon échelle et d'avoir un impact sur la prochaine génération.

K : As-tu une power pose ?

C. : J'utilise beaucoup celle d'Amy Cuddy, et je le fais aussi avec mes enfants. Je me répète que je suis forte et j'y vais. Quand j'ai très peur, j'utilise ces petites phrases et ça marche ! Ça réaffirme une posture ouverte qui permet d'accueillir énormément de choses. C'est un ancrage positif qui me donne du courage. ■

Le livre qu'elle nous recommande

« **La tâche** » de Philip Roth ; « **Le carnet d'or** » ; de Doris Lessing ; « **Marquez cent ans de solitude** » de Gabriel García Márquez ; « **L'évangile selon Jesus Christ** » de José Saramago ou bien « **le bâtisseur de ruine** » de Clarisse Lispector.

One more thing ...

"

Ce n'est pas nos différences
qui nous divisent.
C'est notre incapacité
de reconnaître, à accepter
et fêter ces indifférences.

Audre Lorde,
militante féministe

Chapitre

16.

Le leadership inclusif

L'anecdote de

Kristine

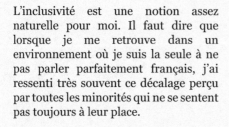

L'inclusivité est une notion assez naturelle pour moi. Il faut dire que lorsque je me retrouve dans un environnement où je suis la seule à ne pas parler parfaitement français, j'ai ressenti très souvent ce décalage perçu par toutes les minorités qui ne se sentent pas toujours à leur place.

Le fait d'être originaire d'une autre culture n'est jamais neutre quand on est dans un groupe. Il y a toujours des sous-entendus, des références socioculturelles particulières ou des anecdotes qui excluent de facto les personnes qui ne sont pas en mesure de les comprendre. Sans compter la forme d'indifférence qui habite les personnes du groupe à notre égard, et qui ne s'intéressent pas à notre différence ou spécificité.

Pour mon premier CDI en France, j'avais été recrutée dans un emploi où j'étais à mi-temps sur le marché français et à mi-temps sur la Russie et les ex-pays soviétiques. Pour ces derniers, tout se passait bien, car le multiculturalisme était palpable. Nous échangions en anglais et tout le monde était très curieux et ouvert d'esprit. En revanche, sur le marché français, j'ai été mise à l'écart rapidement, car j'étais considérée comme trop jeune, trop énergique, trop arrogante, et sans connaissance de la manière de travailler sur le marché français. Bien sûr, personne ne me l'a dit ainsi. C'est ce que j'ai appris quelques années après. Sur le coup, je n'ai pas compris ce qui s'est passé. J'ai juste été écarté de l'équipe. Je ne participais plus aux réunions, ma manager n'appréciait pas que je partage son bureau, je n'étais pas conviée aux événements de socialisation informels, et son comportement ne faisait rien pour m'aider. Cette femme, avec son arrogance et son dédain, m'a marqué pour toujours.

Travaillant dans un environnement international et multiculturel, je m'assure toujours que chacun se sente intégré dans l'équipe et dans le collectif. C'est indispensable pour ne pas vivre les mauvaises expériences que j'ai vécues en matière de diversité et d'inclusion.

P arler d'inclusion dans le leadership est aujourd'hui incontournable. Si certains y voient une forme de tendance sociale ou un épiphénomène qui s'inscrit dans une vague *woke* venant des États-Unis, le terme n'a rien de neuf. Le sociologue Robert Castel parlait déjà d'inclusion dans les années 60. Aujourd'hui, on revient donc avec le terme d'inclusion (ou d'inclusivité, mais c'est là un autre débat sémantique[20]) avec un objectif simple en apparence : faire en sorte que les salariés différents ne se rapprochent pas de la norme, mais que la norme se rapproche d'eux.

Le leadership inclusif a pour but de gérer et manager efficacement un groupe hétérogène de personnes, tout en respectant leur singularité de manière empathique et sans préjugés. Il s'agit d'un style de leadership authentique qui exclut la discrimination, les préjugés et les faveurs fondés sur la couleur de peau, l'identité de genre, l'âge ou encore la situation face au handicap. Un leadership inclusif doit ainsi permettre aux salariés de se sentir valorisés pour leur propre contribution.

Nous vivons dans un monde professionnel diversifié, que ce soit au niveau des collaborateurs que des clients. Les entreprises optimisant de plus en plus leurs activités en matière de diversité et d'inclusion, le leadership inclusif est plus pertinent que jamais. Or, sans leader inclusif, il ne peut pas y avoir de politique efficace en matière de diversité et d'inclusion. Les leaders inclusifs sont nécessaires pour donner le bon ton.

Un article de la revue *Harvard Business Review*[21] souligne que la plupart du temps, ce sont les dirigeants qui sont en première ligne. Ce qu'ils disent et font peut avoir une incidence sur le fait qu'une personne se sente ou non intégrée. Et c'est très important, car plus les gens se sentent inclus, plus ils s'expriment, font des efforts supplémentaires et collaborent - ce qui, en fin de compte, améliore les performances de l'organisation. La recherche montre d'ailleurs que les leaders inclusifs partagent un ensemble de six traits caractéristiques :

---

20. *Débat : Pourquoi passer de l'inclusion à l'inclusivité de Eric Dugas - The Conversation*
21. *The Key to Inclusive Leadership by Juliet Bourke and Andrea Titus*

- **Un engagement visible** : ils expriment un engagement authentique en faveur de la diversité, remettent en question le statu quo, responsabilisent les autres et font de la diversité et de l'inclusion une priorité personnelle.

- **Humilité** : ils sont modestes quant à leurs capacités, admettent leurs erreurs et laissent aux autres la possibilité d'apporter leur contribution.

- **Conscience des préjugés** : ils sont conscients de leurs propres lacunes, ainsi que des failles du système, et s'efforcent de garantir un modèle basé sur une forme de méritocratie.

- **Curiosité à l'égard des autres** : ils font preuve d'ouverture d'esprit et d'une profonde curiosité à l'égard des autres, écoutent sans juger et cherchent avec empathie à comprendre ceux qui les entourent.

- **Intelligence culturelle** : ils sont attentifs à la culture des autres et s'adaptent si nécessaire.

- **Collaboration efficace** : ils responsabilisent les autres, prêtent attention à la diversité de pensée et à la sécurité psychologique, et se concentrent sur la cohésion de l'équipe.

Le leadership inclusif, c'est le pouvoir de la diversité.

De nombreuses études ont déjà prouvé l'importance de la diversité en entreprise. Les équipes les plus productives et les plus efficaces sont d'ailleurs celles qui bénéficient d'une grande diversité de points de vue, leur permettant d'optimiser les prises de décision et les initiatives. En effet, la diversité induit une pluralité des compétences, des expériences et des opinions, ce qui amène le plus souvent à une meilleure complémentarité.

Un leadership inclusif est ainsi utile pour partager de nouveaux points de vue sur une situation donnée, créer une nouvelle culture *corporate*, challenger les activités du quotidien et voir les choses différemment. Il est aussi indispensable pour stimuler l'innovation par des mises en commun de personnalités différentes. L'inclusion n'est pas bonne uniquement pour le business et l'image de l'entreprise. Une entreprise doit avant tout être une organisation éthique et humaine. C'est le même principe avec l'écologie ou la RSE. La question est de savoir comment l'entreprise se positionne dans notre société. Ce qu'elle peut apporter. Comment elle peut contribuer à faire bouger les lignes. Et quelles sont les valeurs personnelles défendues par le PDG, son conseil d'administration et son comité de direction.

Diversité et inclusion sont intimement liées. Le leader inclusif doit être capable de créer les opportunités propices à l'innovation et la collaboration au sein d'une équipe diversifiée, notamment avec le pouvoir du « why », c'est-à-dire en donnant du sens à l'équipe dans son ensemble, mais également à chaque collaborateur, individuellement. Malheureusement, à l'heure actuelle, les entreprises sont encore en train d'explorer le sujet. Nous en sommes à la phase de prise de conscience et encore peu d'entre elles l'ont réellement intégré comme une évidence, voire une nécessité.

La question clé que les entreprises - et donc les leaders qui les composent - doivent se poser est de savoir si l'on souhaite construire une société de privilégiés ou une société créée pour tous et par tous. Nos solutions sont discriminantes, car elles ne sont pas créées par tous les profils mais majoritairement par des hommes, y compris quand il s'agit de répondre à des besoins féminins. Nous biaisons et altérons les possibilités des jeunes femmes d'aspirer à des postes auxquels elles ne pensent pas faute d'y voir des femmes exercer. Or, malgré les différentes avancées, que ce soit à propos des femmes, et plus encore au sujet du handicap, le sujet reste tabou.

Le leadership inclusif répond donc à deux besoins intrinsèques à l'être humain : le besoin d'appartenir à un groupe social, et le besoin d'exprimer son identité propre.

En clair, oser être soi et accueilli dans un environnement adapté. C'est cet accord qui va venir créer le sentiment d'inclusion.

En l'absence d'un leadership inclusif au sein d'un groupe diversifié, on peut très facilement perdre tous les avantages de la diversité et même voir se créer de la négativité au sein du groupe. Le risque le plus courant est le phénomène d'assimilation : quand une minorité d'employés finit par se censurer pour s'adapter au reste du groupe, au point de perdre son individualité. Cette situation crée un mode de pensée homogène au sein de l'équipe, qui empêche la naissance de nouvelles idées et donc l'innovation.

La diversité, c'est quand des personnes ayant des identités et des horizons très différents sont réunies. L'inclusion, c'est faire en sorte que chaque membre de la communauté se sente estimé, écouté, respecté, responsabilisé, et ait un réel sentiment d'appartenance. Ce travail commence donc pour vous ! Il faut en parler, il faut se former, il faut participer à des ateliers, des conférences et des masterclass pour sortir de sa zone de confort, et être partie prenante d'un mouvement plus grand que soi.

Or, parfois, on veut bien faire, mais on n'y arrive pas toujours. En matière d'inclusion et de diversité, il faut prendre conscience de son comportement et de ses biais cognitifs pour éviter le fossé entre les intentions et les résultats.

Quelles
sont les
erreurs
à éviter ?

La première erreur à éviter est ce qu'on appelle **le tokénisme**. C'est un néologisme issu de l'anglais *tokemism*. Il s'agit d'une pratique consistant à faire des efforts symboliques d'inclusion vis-à-vis de groupes minoritaires dans le but d'échapper aux accusations de discriminations. Dans le monde du travail, par exemple, c'est le cas d'une entreprise qui recruterait quelques personnes issues de ces groupes pour les mettre en avant dans l'intention de cacher la réalité. Or, en l'absence d'une réelle politique d'inclusion, le tokénisme se retourne contre les organisations. Vous connaissez le *greenwashing* ? On est dans le même état d'esprit. En somme, les membres des groupes sous-représentés peuvent se sentir mal à l'aise ou exploités parce qu'ils ont l'impression de n'être là que pour cocher une case.

La deuxième erreur est d'éviter **l'assimilation**. C'est ce qui se passe quand des personnes doivent adopter les caractéristiques et les valeurs de l'organisation dans son ensemble afin de ne pas se faire remarquer. Or, en s'assimilant, les salariés risquent d'atténuer la diversité des points de vue qu'ils apportent, ce qui constitue une perte de valeur considérable pour l'organisation. Les leaders inclusifs doivent comprendre et prendre en compte les différentes expériences vécues par les individus pour s'engager dans une véritable collaboration et aider leurs équipes à atteindre leur plein potentiel.

Enfin, la dernière erreur est de **déshumaniser les personnes minoritaires.** Il arrive que des personnes soient recrutées ou embauchées dans le cadre d'initiatives organisationnelles en faveur de la diversité, mais qu'une fois sur place, elles soient traitées comme si elles n'avaient pas le même niveau d'intelligence ou de capacité que leurs collègues.

Parler de diversité et d'inclusion n'est pas une tâche facile en entreprise, mais l'ignorer est encore pire. En la matière, il vaut mieux avoir une politique des petits pas, avec des initiatives pour tester et expérimenter tout en adaptant ses postures et en inspirant confiance, plutôt que de faire comme si de rien n'était. Et pour y parvenir, nous avons besoin de leaders inclusifs.

Rencontre avec

Stéphanie Gateau

La différence est cette chose merveilleuse que nous avons tous en commun.

Nelly Biche de Bere

Stephanie Gateau est fondatrice et dirigeante d'un cabinet de conseil en stratégie à l'international, d'un incubateur export et également d'une startup Handiroad récompensée à plusieurs reprises par des Trophées liés à la diversité et l'inclusion.

Atteinte de surdité et de problèmes moteurs, autiste asperger, elle est également très investie dans la lutte contre la discrimination et les violences faites aux femmes atteintes de handicap et s'applique à promouvoir l'entrepreneuriat féminin.

Par ailleurs, elle intervient sur les problématiques de diversité et d'inclusion particulièrement dans le domaine du digital et du numérique. Elle est également très engagée sur les sujets liés à la lutte contre les violences faites aux femmes en situation de handicap.

Kristine : Comment es-tu arrivée là où tu en es aujourd'hui ?

Stéphanie : Mes compétences en stratégie m'ont aidé pour identifier les obstacles, les freins, comprendre les problématiques et les crises ou épreuves traversées. Faire le tour du monde m'a permis de découvrir la richesse de la différence et m'a aussi fait prendre conscience des inégalités et des préjugés. En ce sens, mes handicaps et la maladie ont été des atouts indéniables et précieux. Cela m'a obligé à sortir de ma zone de confort en apprenant à être innovante, persévérante, à m'accoutumer de l'inconnu et à optimiser la gestion de mon énergie. J'ai été obligée d'accueillir mes vulnérabilités et je ne me suis jamais sentie aussi forte que depuis que j'ai pris conscience de mes faiblesses. Le handicap m'a appris à relativiser et avoir une certaine sagesse et un état d'esprit bien plus solide. J'ai une épée de Damoclès en permanence au-dessus de la tête, et elle m'oblige à faire mon maximum et vivre pleinement chaque moment.

K. : Qu'est-ce que la réussite, selon toi ?

S. : Il y a 30 ans, la réussite était d'avoir un plan de carrière bien établi, d'avoir coché toutes les cases, d'avoir été fidèle à son employeur et de bien gagner sa vie. Or, la mienne fut rapidement écourtée à la sortie de mes études en étant une femme handicapée. Pour réussir à exercer le métier dont je rêvais, je n'ai eu d'autres choix que de cacher mes handicaps dans un premier temps. Cette période a été l'une des plus difficiles de ma vie et cela m'a couté une énergie folle et un stress permanent. Les cabinets dans lesquels j'exerçais ne prenaient pas en considération le facteur humain dans la stratégie.

Cela ne correspondait pas à l'idée que je me faisais du respect de la dignité humaine et j'ai fini par créer mon propre cabinet avec des valeurs qui me ressemblaient. Le fait d'avoir été aussi loin dans cette logique me fait dire que j'ai plutôt réussi !

K. : Qu'est ce que le leadership, selon toi ?

S. : C'est une posture et un état d'esprit teintés de charisme et de talents qui permettent de déployer une stratégie, une vision ou une innovation. Contrairement au manager, le leader repose davantage sur des *soft-skills*. Son influence et sa personnalité doivent générer un sentiment d'appartenance. Un leader doit être capable de fédérer, d'animer et de faire grandir des talents, tout en créant un climat de confiance, et de complémentarité sans compétition.

K. : Est-ce que le leadership féminin est différent ?

S. : Il y a autant de styles de leadership que de profils d'individus. Nous avons des systèmes de fonctionnement et d'intelligence propres à chacun. Malheureusement, les stéréotypes ont la vie dure et on pense encore trop souvent que les hommes sont mieux armés pour conduire ou piloter un projet ou une équipe. Or, c'est justement la richesse de la diversité et les enjeux de l'inclusion qui font la différence. Lorsqu'on ajoute une femme au sein d'une équipe d'hommes, l'intelligence du groupe augmente. Ce n'est pas le genre qui compte, mais le fait que ce soit un profil différent qui permet de voir les choses avec un autre regard. Le leadership féminin offre un savoir-être plus aiguisé, plus agile, et avec bienveillance et humilité.

K. : Est-ce que les femmes en situation de handicap ont assez d'ambition ?

S. : Je pense que, la plupart du temps, nous n'en avons pas suffisamment, voire pas du tout. Les femmes en situation de handicap, avec une maladie chronique ou invalidante, sont discriminées. Et lorsqu'elles sont issues des minorités, c'est encore pire. Le syndrome de l'imposteur et d'illégitimité est écrasant dans ces situations, au point de ne pas faire mention de sa RQTH et de mettre en danger sa santé parfois. Les femmes ne pourront s'épanouir et devenir plus audacieuses que lorsqu'elles se sentiront en confiance et seront acceptées comme des personnes de valeur quelles que soient leurs situations. À l'heure actuelle, même si nous progressons, les discriminations et les préjugés sont des freins évidents.

K. : De quoi es-tu la plus fière dans ton parcours ?

S. : Probablement le fait d'avoir enfin osé être moi-même avec toutes mes caractéristiques, mon mode de fonctionnement, mes handicaps et surtout de l'assumer. Se battre au quotidien pour rentrer dans les normes est épuisant et contre-productif. C'était aussi aller contre mes valeurs et mes convictions.

Louer l'inclusion et la diversité sans commencer par soi-même n'a pas de sens !

K. : As-tu une power pose ou un truc personnel pour te rebooster quand c'est nécessaire ?

S. : Pour ne pas me laisser envahir dans les moments difficiles, je m'oblige à regarder le chemin parcouru et je visualise toutes les petites victoires qui ont jalonné mon parcours. ■

Le livre qu'elle nous recommande

La collection d'Elsa Solal avec une préférence pour celui de Frida Kahlo « **NON à la fatalité** » et celui sur Olympe de Gouges « **NON à la discrimination de femmes** ».

Conclusion

Les femmes sont de puissants agents du changement, et les avantages considérables de la diversité et de la parité des sexes dans la direction et la prise de décision sont de plus en plus reconnus dans tous les domaines. Il est temps que le monde reconnaisse les avantages des femmes aux postes de direction et s'engage à placer encore plus de femmes aux postes de pouvoir.

Le paysage professionnel change, et le monde du travail et des affaires n'est plus seulement un territoire masculin. Cependant, il n'est pas facile de se battre dans cet environnement difficile. Qu'il s'agisse de femmes dirigeantes expérimentées qui font avancer le débat depuis des années ou de jeunes talents qui cherchent à avoir un impact important, les femmes doivent encore relever de nombreux défis pour développer leur leadership.

Ce livre n'est donc que mon humble contribution à cette cause. S'il n'y a qu'une chose que je souhaite que vous en reteniez, c'est que les petits gestes du quotidien ont une importance considérable pour développer le leadership des femmes. Le vôtre et celui de toutes celles qui nous entourent. Cela passe par se former en continu - même à raison de 10 minutes par jour, se regrouper pour développer son réseau, savoir naviguer dans un environnement masculin, s'affirmer lorsqu'il le faut, savoir prendre des coups, mais aussi en donner lorsque c'est nécessaire.

Pour affirmer votre leadership, il faut aussi faire preuve de résilience et ne pas hésiter à se lancer. Qui aurait pu prédire qu'une jeune Suédoise de 15 ans qui décide de faire grève devant le parlement deviendrait la figure de proue de la lutte contre le dérèglement climatique ? Rien n'est écrit d'avance. C'est à vous d'ouvrir toutes les portes, de tester toutes les opportunités et de rebondir à chaque fois que c'est possible. En mettant en scène votre propre leadership, en affirmant votre confiance en vous et en faisant basculer vos réflexes mentaux en mode positif, vous influencerez les autres.

Donnez le meilleur de
vous-même et ne vous fiez
pas au jugement d'autrui.

C'est à ces conditions que
vous pourrez devenir
une leader !

- Fortune - « The number of women running Fortune 500 companies reaches a record high » - mars 2022

- Les Échos - « Christel Heydemann chez Orange : une troisième femme à la tête d'un groupe du CAC 40 » - janvier 2022

- Development of Self-Esteem From Age 4 to 94 Years: A Meta-Analysis of Longitudinal Studies

- « Executive Presence » ; Sylvia Ann Hewlett, Lauren Leader-Chivée, Laura Sherbin, and Joanne Gordon with Fabiola Dieudonné

- « Your body language may shape who you are » ; Amy Cuddy • TEDGlobal 2012

- « How Voice Pitch Influences Our Choice of Leaders » ; American Scientist

- « Emerging technologies' impact on society & work in 2030 » ; Dell Technologies

- « Voici les dix principales compétences professionnelles de demain - et le temps qu'il faut pour les acquérir » ; Forum Économique Mondial

- « 7 Leadership Lessons Men Can Learn from Women », Tomas Chamorro-Premuzic and Cindy Gallop

- « Les inégalités de salaires entre les femmes et les hommes : état des lieux » ; Observatoire des inégalités

- « Nous sommes encore dans une société patriarcale», affirme la ministre Elisabeth Moreno » ; L'Usine Nouvelle

- « Women in the Workplace 2022 » ; McKinsey & Company

- « Your Feelings About Work-Life Balance Are Shaped by What You Saw Your Parents Do » ; Harvard Business Review

- « The Cost of Interrupted Work: More Speed and Stress » ; Gloria Mark, Daniela Gudith and Ulrich Klocke

- « Neurosexism: the myth that men and women have different brains » ; Nature, février 2019

- « The Gendered Brain: The New Neuroscience That Shatters The Myth Of The Female Brain »

- « Learn to Love Networking » de Francesca Gino, Maryam Kouchaki, et Tiziana Casciaro

Biblio graphie

- *« Non à la fatalité » Frida Kahlo*
- *« Non à la discrimination des femmes » Elsa Solal*
- *« Pouvoir ou leadership ? : De Pharaon à Moïse » Viviane Amar*
- *« Mon bébé made in Love » Kristine Naltchadjian*
- *« Lean In » Sheryl Sandburg*
- *« Mindset: The New Psychology of Success » Carole Dweck*
- *« Imagine It Forward: Courage, Creativity, and the Power of Change » Beth Comstock*
- *« Retour de l'au-delà » George Ritchie et Elizabeth Sherrill*
- *« The Path Made Clear » Oprah Winfrey*
- *« Compelling People: The Hidden Qualities That Make Us Influential » John Neffinger et Matthew Kohut*
- *« Unlearn » Barry O'Reilly*
- *« Notre corps ne ment jamais » Alice Miller*
- *« Invisible Women » Caroline Criado Perez*
- *« Darktown » Thomas Mullen*
- *« Ci-gît l'amer » Cynthia Fleury*

- *« The Emotion Code » Bradley Nelson*
- *« La Besttitude : Mode d'emploi pour une vie épanouie » Salime Nassur*
- *« The 5am club » Robin Sharma*
- *« You're in Charge. Now What? The 8-Point Plan » Thomas Neff*
- *« A Curious Mind » Brian Grazer et Charles Fishman*
- *« Trillion Dollar Coach » Eric Schmidt, Jonathan Rosenberg et Alan Eagle*
- *« Social Chemistry: Decoding the Patterns of Human Connection » Marissa King*
- *« How to Be a Power Connector » Judy Robinett*

Remerciements

Je tenais tout d'abord à remercier ma fille, celle qui m'aide quotidiennement à devenir une meilleure maman et une meilleure leader. J'apprends tous les jours, grâce, et avec toi.

Merci à mes parents pour leur soutien, l'éducation qu'ils m'ont transmise, ainsi que cette envie d'avancer, de ne jamais abandonner, qu'ils m'ont inculquée depuis toute petite.

Merci à toi, mon partenaire de vie, pour ton amour et ton soutien infaillible ! Tu as toujours cru en moi, parfois bien plus que moi-même. Tu sais écouter, motiver et être à mes côtés quoiqu'il arrive.

Merci à Maïssa, d'avoir cru en moi, d'être à mes côtés pour ce projet ambitieux. Ta ténacité, ton intelligence et tes capacités relationnelles font de toi une leader forte, qui j'en suis sûre, t'aideront à réaliser tous tes projets.

Merci à Roxane, Nicolas, Adrien, Laurie, Julien, Nathalie, Béatrice, Céline pour m'avoir aidé à réaliser ce livre.

Un grand merci à vous mesdames, d'avoir cru en mon projet et d'avoir si généreusement trouvé le temps et les mots pour partager vos expériences. Merci à Leila, Samira, Manaëlle, Lucia, Alice, Magali, Sandrine, Natasha, Sandrine, Lauriane, Sandrine, Ségolène, Alisa, Malia, Caroline, Stéphanie ! Et merci à Madame La Ministre, Isabelle Rome, ainsi qu'à Nicolas, d'avoir pris le temps de lire et soutenir ce projet.

Et enfin, merci à vous, lecteurs et lectrices, d'avoir pris le temps de lire cet ouvrage. Cela témoigne de votre envie de travailler sur ce sujet du leadership au féminin, qui je l'espère, fera de ce monde, un endroit plus juste et inclusif.

Éditeur : Kristine Naltchadjian
Graphisme et mise en page : Roxane Portela

Printed in France by Amazon
Brétigny-sur-Orge, FR

19742492R00125